O que dizem sobre James McSill

Uma palavra: incrível. Como coach, ele mantém tudo simples, mas intenso, permitindo-nos descobrir as nossas habilidades. Como contador de histórias, conduz a audiência a lugares mágicos e nos inspira a fazer coisas incríveis.

Fernanda Freitas, Pres. Assoc. Nuvem Vitória, CEO Eixo Norte Sul, RTP Portugal

Tive a oportunidade e felicidade de ser um dos tutorados do James. Escrevi o romance "A casa dos desejos" sob a tutoria dele. Não há mestre de literatura melhor que ele no mundo. A Literare Books International, editora que presido, realizou dois cursos ministrados por ele. O sucesso foi total e os participantes avaliaram conteúdo e a performance do James com a nota máxima! Feliz do profissional que tiver a oportunidade de conhecê-lo e de trabalhar com ele.

Mauricio Sita, President, Literare Books International

Com as lentes e a técnica que nos oferece, tudo, mas mesmo tudo, tem potencial para ser uma história impactante e memorável. O James tem a capacidade de tornar simples conceitos complexos ou abstratos e demonstra-os da melhor forma: com histórias e mais histórias.

Teresa Secco, Business Coach

O James "simplesmente" domina de maneira completa a arte de contar estórias. Com sua simplicidade, clareza e assertividade é capaz de levar qualquer pessoa a ser capaz de contar estórias inspiradoras e impactantes. Sem dúvida, ter tido a oportunidade de fazer a "Certificação Internacional em Storytelling" com o James foi algo transformador em minha vida!

Marcos Pena Jr, Economista, Filósofo, Prêmio Innovagro em Inovação Institucional

James é um profissional com uma impressionante trajetória, reconhecido em todo mundo por sua incrível capacidade de ajudar as pessoas a terem grandes resultados por meio de melhores histórias.

Cassia Morato, Especialista em Mentoria e Treinamento de Executivos

Referência em Storytelling no mundo. Verdadeiro mestre na arte de ensinar a construir histórias transformadoras. Uma fonte inesgotável de inspiração!

Josi Gomes, CEO na CAB Consultores & Editora

James é uma autoridade em Storytelling, excelente mentor, ser humano sublime, profissional de alto padrão, que desperta admiração e conquista o respeito de todos com seu conhecimento incontestável. James é o espelho da simplicidade mais requintada que já conheci, que seja, escrevendo, instruindo, dando mentoria...

Edinya Santiago, Coordenadora e criadora do Janelas do Mundo, Japão

Ele é um feiticeiro, que utiliza seu conhecimento e sabedoria para colocar magia em palavras e histórias. James é generoso, está sempre contente em compartilhar o que sabe e ajudar a entender e usar histórias em um contexto muito mais amplo e fascinante.

Allan Costa, Co-CEO na ISH Tecnologia | Co-Founder da AAA Inovação

Sua capacidade de tocar no coração e inspirar pessoas faz dele um agente de transformação — diria um sublime agente de transformação —, não só das pessoas, mas das organizações e da sociedade. Agradeço a vida a oportunidade que me deu de conhecer o James, sou uma pessoa melhor.

Robson Santarem, Consultor em Gestão, Professor da Fundação Getúlio Vargas

Numa ocasião em Atlanta, juntei a minha voz à de um participante da nossa conferência: "Isto não se trata apenas de histórias, TV, cinema, livros e escrita; é uma autêntica festa do amor!" Este é o impacto que a presença, carinho, dedicação, conhecimento, carisma e visão do "Magic McSill" têm sobre nós. Afirmar que ele é um feiticeiro das histórias é, por si só, um eufemismo.

Mardeene Mitchell, CEO da Visionaries to Light, Inc., líder nas indústrias editorial e cinematográfica (Mulheres no Cinema e TV-EUA), escritora, consultora e produtora.

JAMES MCSILL

5 Lições de Storytelling

FELICIDADE, INFLUÊNCIA E SUCESSO

DVS EDITORA

www.dvseditora.com.br
São Paulo, 2024

5 Lições de Storytelling
FELICIDADE, INFLUÊNCIA E SUCESSO

Copyright© DVS Editora 2024 – © James McSill 2024
Todos os direitos para a língua portuguesa reservados pela editora.

Nenhuma parte dessa publicação poderá ser reproduzida, guardada pelo sistema "retrieval" ou transmitida de qualquer modo ou por qualquer outro meio, seja este eletrônico, mecânico, de fotocópia, de gravação, ou outros, sem prévia autorização, por escrito, da editora.

Edição de texto: McSill Media-Portugal
Estruturação e IA: McSill/IBE - Media City, Inglaterra
Capa: Spazio Publicidade e Propaganda
Diagramação: Márcio Schalinski | LC Design & Editorial
Revisão: McSill Media-Portugal

```
         Dados Internacionais de Catalogação na Publicação (CIP)
                  (Câmara Brasileira do Livro, SP, Brasil)

    McSill, James
       5 lições de storytelling : felicidade, influência
    e sucesso / James McSill. -- São Paulo : DVS Editora,
    2024.

       Bibliografia.
       ISBN 978-65-5695-122-5

       1. Arte de contar histórias 2. Narrativas orais
    I. Título.

 24-204208                                      CDD-808.543
            Índices para catálogo sistemático:

       1. Arte de contar histórias : Literatura   808.543

            Cibele Maria Dias - Bibliotecária - CRB-8/9427
```

Nota: Muito cuidado e técnica foram empregados na edição deste livro. No entanto, não estamos livres de pequenos erros de digitação, problemas na impressão ou de uma dúvida conceitual. Para qualquer uma dessas hipóteses solicitamos a comunicação ao nosso serviço de atendimento através do e-mail: atendimento@dvseditora.com.br. Só assim poderemos ajudar a esclarecer suas dúvidas.

À minha amiga Eliane Barbosa

Que nunca se cansava de dizer: "... sou eternamente grata pelo precioso aprendizado e por todas as oportunidades que o James me concedeu!!! Tenho um carinho muito especial por ele!!!", quando, na verdade, oportunidades no Brasil tiveram como semente esta amiga que se foi cedo demais, num dia de Natal.
Querida, o carinho será sempre mútuo e, agora, ETERNO.
Obrigado!

Sumário

Prefácio IX
Introdução XI
Mais Cinco Lições XIII
    Reflita sobre essas questões antes de iniciar a primeira lição XXIII

Primeira Lição 3
    Storytelling e Felicidade 7
    Papinho extra, mas que pode interessar 56
    Reflita sobre essas questões antes de iniciar a segunda lição 59

Segunda Lição 63
    Storytelling e Influência 67
    Papinho extra, mas que pode interessar 89
    Reflita sobre essas questões antes de iniciar a terceira lição 97

Terceira Lição 101
    Storytelling e Sucesso 103
    Papinho extra, mas que pode interessar 126
    Reflita sobre essas questões antes de iniciar a quarta lição 131

Quarta Lição 135
    Storytelling: simples e profundo 138
    Papinho extra, mas que pode interessar 161
    Reflita sobre essas questões antes de iniciar a quinta lição 172

Quinta Lição 175
    Storytelling e como caminha a humanidade 180
    Papinho extra, mas que pode interessar 207
    Reflita sobre essas questões antes de partir para a vida 211

Bibliografia 214

Prefácio

Ao virar a última página de "5 lições de Storytelling: factos, ficção e fantasia", um sentimento avassalador de perda invadiu meu ser. Não era apenas o término de uma leitura; era o fim de uma jornada pessoal intensamente vivida através das palavras de James McSill. Naquele momento, eu havia morrido. O "eu" nas páginas era um reflexo tão fiel da realidade que James e eu compartilhávamos, com cada detalhe meticulosamente reproduzido — as aventuras, as vozes, a luz, a cor, o cheiro, os gestos. Era como se estivesse revivendo minha própria vida em um filme 3D, uma realidade tão palpável que me fez questionar a própria essência da memória e da existência.

James, através de sua habilidade magistral, me fez revisitar o passado, até o momento de minha morte, e agora, em "**5 lições de Storytelling: felicidade, influência e sucesso**", ele retrocede ainda mais, trazendo à tona nossa juventude em Glasgow. Essa 'prequela' nos leva de volta ao início de nossa jornada rumo à idade adulta, capturando cada momento com uma precisão que transcende a própria memória. A habilidade de James de recriar uma realidade alternativa tão viva e convincente desafia nossa percepção do que é real e do que é fabricado.

No entanto, o mais intrigante é que a realidade descrita por James é uma criação; a não ser para visitá-lo ou por uma rápida estadia para participar de alguma eventual reunião na sede da empresa, nunca vivi em Glasgow, minha vida sempre foi em Londres. Como pode, então, algo que nunca aconteceu parecer tão real? A resposta reside na genialidade de James McSill, um verdadeiro "Magic McSill", capaz de dobrar a realidade a seu favor, de nos fazer habitar mundos que nunca conhecemos, e ainda assim, nos sentirmos completamente em casa.

Este novo volume é uma demonstração do poder do Storytelling sob a maestria do James. Diferente de qualquer outro profissional da área, ele navega com destreza por editoras, salas de treinamento, sets de filmagem e estúdios de TV, da Europa, ao Oriente-Médio, à Africa, à China aos EUA, sempre mantendo sua essência única. James é um mestre não apenas na arte de contar histórias, mas também na arte de viver em variados idiomas e em culturas diversas. Sua habilidade em entrelaçar a ficção com a realidade nos leva a questionar os limites entre ambas, enquanto nos ensina, entretém e, o mais importante, nos conecta em níveis profundos e significativos.

A amizade com James revela um contraste fascinante entre o público e o privado. Ao público, ele é um gênio, generoso em partilhar o seu conhecimento, culto e assertivo; na intimidade, revela-se vulnerável, despojado, observador, portador de uma imensa vontade de viver e, sobretudo, um amigo leal. James é aquele raro tipo de ser humano que genuinamente se importa, que nos diverte, nos abraça, e deseja nosso bem sem esperar nada em troca.

"**5 lições de Storytelling: felicidade, influência e sucesso**" é mais do que um livro; é um convite para explorar as profundezas da experiência humana, guiados pela mão de um contador de histórias sem igual. James McSill não apenas narra histórias; ele cria pontes entre mundos, entre realidades, entre pessoas. E este livro é mais um presente seu para nós, um tesouro a ser explorado, aprendido e, acima de tudo, vivido. Enxergar o James em detalhes é sempre enternecedor e um privilégio.

Maria Olinda Oliveira
Linguista, ex-companheira de trabalho, amiga, fã e
'personagem por empréstimo' das histórias do James

Introdução

Ao escrever este livro, foi incrível perceber o quão intimamente o Storytelling está ligado à história da humanidade. Desde o início dos tempos, nossa habilidade de contar histórias, particularmente ao explorarmos o conceito de 'realocação' — a capacidade de evocar eventos que transcendem os limites imediatos do tempo e do espaço da comunicação presente —, tem sido fundamental na forma como entendemos o mundo.

Mergulhar nas primeiras expressões de Storytelling nos permite compreender as sociedades primitivas e, por conseguinte, as bases que moldam nossa existência atual. Os dados etnográficos, extremamente valiosos para a antropologia, nos dão um panorama detalhado dessas primeiras manifestações humanas. No entanto, é notável que, mesmo após os primeiros contatos com povos primitivos nos séculos XV e XVI, tenha existido um notável desinteresse por suas culturas e métodos de contar histórias. Surpreendentemente, naquela época, houve debates acadêmicos questionando até mesmo se esses povos eram de fato humanos, uma noção que persistiu até que, em 1512, a Igreja finalmente reconheceu a humanidade dessas "criaturas estranhas".

O impacto da geografia e do contexto social nos narradores primitivos revela muito sobre o porquê de sermos inclinados ao Storytelling. Apesar da grande distância temporal que nos separa dessas práticas ancestrais, elas ainda ressoam com nossa experiência contemporânea, destacando a conexão intrínseca entre a arte de contar histórias e o entendimento humano.

Entender o passado é crucial para anteciparmos o futuro, que nos chega com Realidade Virtual, Realidade Aumentada, Realidade Mista, Inteligência Artificial, Robô-autor e muito mais. Sem uma compreensão das origens e evoluções do Storytelling, ficamos sem rumo, incapazes de prever as direções que esta arte milenar poderá tomar. Neste livro, mostro o que é, mas sobretudo, o que sempre será!

James McSill

Mais Cinco Lições!

Se as histórias que conto fossem pratos, depois de 49 anos cozinhando no caldeirão do Storytelling, descobri que gosto de banquetes que nutrem a alma, sem deixar ninguém com indigestão de clichês ou intoxicação de falsas promessas. Então, se você está pronto para um menu degustação de verdade, sem 'fast-food' à vista, este livro pretende ser o seu chef pessoal para uma dieta rica em histórias que realmente importam!

Posso começar ironicamente já esclarecendo como a coisa é?

Desde o início da minha trajetória profissional, tenho uma grande paixão pela culinária e estabeleci um critério pessoal e para os meus clientes: se as minhas próprias histórias fossem um prato, seriam elas capazes de me nutrir, fortalecer e proporcionar prazer, ou, pelo contrário, deixar-me debilitado ou mesmo envenenado? Após 49 anos nessa caminhada, afirmo que valorizo as críticas. Construí minha carreira avaliando histórias e suas estruturas; portanto, tenho conhecimento de causa. Para prevenir críticas demasiado duras, porém, aplico a mim a orientação que ofereço aos meus clientes "Seja claro quanto à sua posição desde o início, pois o que escreve ou as histórias que conta podem tornar-se um veneno tanto para si quanto para quem lê e decide seguir as suas orientações ou ensinamentos".

Esclareço: meus livros não são um tratado científico sobre Storytelling. Frequentemente, ouço que o conteúdo é, de certa forma, previsível, mas espero que meus leitores saiam nutridos e revitalizados. Em um mercado cheio de enganações, os interessados em Storytelling precisam de práticas genuínas, não de venenos escondidos nas entrelinhas.

Com base em décadas de estudo, afirmo o que funciona em Storytelling. Evito suposições infundadas e reconheço que não é necessário reinventar a roda. Este livro, como os anteriores da série, é baseado na minha experiência. Não prometo milagres nem fórmulas mágicas. As histórias, repito em todos os meus livros, são inatas a nós, mas sempre há espaço para aperfeiçoá-las.

Ao ler este volume, lembre-se da emoção secreta de assistir a filmes proibidos: no final, percebemos que as habilidades adquiridas não se aplicam tão facilmente na vida real e ficamos frustrados. Aqui será diferente, você encontrará abordagens práticas, desprovidas de mitos, sobre como as histórias bem contadas podem beneficiar você, os outros e a sua empresa.

"Sei lá... Por que devo dedicar tempo para ler e estudar este livro?", ouço você pensar.

Respondo!

Pelo meu jeito único de expressar ideias, tornando conceitos complexos acessíveis. Com 68 anos e uma carreira feliz, influente e de sucesso, posso oferecer verdades sem medo — e, pelo visto, com pouca modéstia! Ou você me lê agora ou, eventualmente, quando eu me tornar "poeira de estrelas", meus ensinamentos poderão se perder. Evite cair em enganações, imploro, e aplicar "formulinhas mágicas" sem resultado. Se está rindo, então entende o meu ponto de vista. Dê uma chance a este livro e explore a relação entre histórias, Storytelling, e aspectos essenciais da vida, como felicidade, influência e sucesso, sob a ótica de construir histórias envolventes e significativas.

Mas agora, falando sério: repetindo e sintetizando

Recentemente, ao explorar avaliações em sites de compras online, deparei-me com um comentário intrigante de uma leitora. Ela mencionava ter apreciado os livros da série "5 Lições de Storytelling", porém criticava a repetição de conteúdos já encontrados em obras estrangeiras, particularmente americanas. Curiosamente, ela, fluente em inglês, apontava uma verdade: é quase impossível escrever algo completamente novo sobre Storytelling. As histórias, parte integrante do ser humano, transcendem linguagens e épocas, desde o Grego Clássico ao Latim e ao protoindo-europeu. Nós, teóricos e praticantes, concentramo-nos em despertar a consciência sobre o poder intrínseco das histórias. Aristóteles, por exemplo, já navegava por estas águas, baseando-se em saberes ancestrais. Isto, muito antes dos americanos, como vejo alardeado online por novatos mal-informados!

Não espere grandes revoluções no campo do Storytelling com a chegada de novas tecnologias. As histórias mudam em aplicação e impacto ao longo do tempo, servindo de instrumento de controle ou inspiração, conforme a época e com os instrumentos disponíveis naquele momento histórico. Atualmente, as abordagens variam, mas a essência das histórias para manipular, ensinar ou entreter mantém-se constante. A Neurociência traz novas perspectivas, especialmente na aplicabilidade das histórias, a Inteligência Artificial na estruturação e edição de texto, mas não no ato de contar histórias em si.

A terminologia em inglês para discutir Storytelling já está bem estabelecida, e em português, assim como em outras línguas, surgem neologismos. Minha abordagem quanto ao vocabulário evoluiu, mas a estrutura fundamental das histórias permanece inalterada. Assim, ao ler este livro e outros sobre o tema, concentre-se em despertar para o poder das histórias. Afinal, "quem conta a melhor história, vence" é uma verdade universal, válida até em contextos intergalácticos.

Portanto, ao avançar, especialmente sendo este o quarto livro da série, a repetição é inevitável, mas necessária para enfatizar a importância das histórias. Bem-vindo ao "5 Lições de Storytelling"! Neste mundo de constantes mudanças, somos movidos pela paixão por histórias, pois sem elas, perdemos nosso senso de direção e propósito.

No mundo corporativo e criativo, a capacidade de contar uma história convincente é crucial. Desde um simples 'pitch' até narrativas complexas, a habilidade de contar histórias determina o sucesso. O desafio está em apresentar uma história cativante, que convença e comova, transformando o "O que você tem para me vender?" em "Que história você tem para me contar?". Em um mercado cada vez mais saturado, histórias autênticas e impactantes são a chave para capturar a atenção e o coração do público.

Estou em desespero, roubaram-me as minhas histórias

Vou agora afastar-me por momentos do mundo corporativo, que exige o 'pitch', para partilhar uma experiência pessoal recente. Hoje, roubar histórias já não se entende como "copiaram as minhas histórias". Na velocidade ultradinâmica dos nossos tempos, copiar uma história é quase inútil, pois ela pode envelhecer assim que é contada pela primeira vez. Então, o que significa roubar histórias hoje e por que causa desespero?

Roubar histórias tornou-se o ato de esvaziar alguém dos mitos — as histórias em que acreditamos e que orientam nossas vidas — sem oferecer substitutos, mesmo que não sejam necessariamente melhores. Os mitos que aceitamos como explicação da realidade tornam-se a própria realidade, criando a ilusão de que seus componentes são tangíveis e capazes de transformação. Eles se tornam nossas unidades de medida mágicas, levando-nos a agir de determinadas maneiras. Não manipulamos as histórias; elas nos manipulam e dominam. Isso é evidente no fenômeno das crenças religiosas, algo que observei diretamente quando histórias foram "roubadas" de amigos meus norte-americanos durante a crise sanitária do Covid-19. De repente, pastores que prometiam curas milagrosas perderam seu poder sem tempo para criar "novos" mitos. As primeiras promessas de que apenas os pecadores sofreriam deram lugar a uma crise generalizada, com a fé dos fiéis abalada.

Os meus amigos, privados das histórias que fundamentavam suas vidas, ficaram desequilibrados e desesperados. Eles me procuraram com uma pergunta que todos já nos fizemos: em que (ou em quem) acreditar agora?

Não é tarefa minha, como teórico de Storytelling, responder a essa pergunta de forma simplista num livro focado em felicidade, influência e sucesso através das histórias que moldam nossa essência. Contudo, pretendo explorar ao longo deste livro o conhecimento sobre Storytelling, oferecer minha visão sobre como meus amigos podem recuperar o equilíbrio emocional e sugerir formas de você alterar elementos subjacentes às suas histórias, para mudar sua percepção de "história" e, por consequência, algum aspecto da sua vida. O objetivo é que você aprenda a 'lançar' histórias de qualidade, não só para alcançar objetivos externos, como uma melhor posição social ou emprego, mas também para trabalhar suas narrativas internas, construindo-as não apenas com base na realidade coletiva, mas na SUA realidade.

O choque severo que os meus amigos sofreram

Vou terminar parafraseando o que a revista Newsweek (julho de 2020) e outros meios de comunicação norte-americanos noticiaram, afetando profundamente os meus amigos. Numa conferência de imprensa, o governador democrata da Louisiana, John Bel Edwards, pediu, alegadamente, três dias de jejum e oração, de 20 a 22 de julho, como medida para combater a propagação do COVID-19. Apesar de reconhecer o caráter "um pouco incomum" da medida, Edwards enfatizou a sua importância. No entanto, a iniciativa não teve o efeito desejado. O governador, que é católico romano, incentivou um pastor neopentecostal, líder da igreja dos meus amigos, a promover rituais baseados nos mitos de cura cristãos. Contudo, nenhum pensamento mágico conseguiu alterar o curso do vírus, e a situação agravou-se nas semanas seguintes. A dura realidade que os meus amigos lutam para aceitar é que a fé na versão norte-americana do Cristianismo, que fundamentava as suas vidas e relações, pode ser infundada, e que as orações, no fim das contas, são gestos vazios, expressões de desespero existencial e confusão metafísica.

Um dos meus amigos começou a preencher esse vazio com o mito da revolta, vendo a vida como um acidente cósmico sem valor, e a oração como uma "masturbação espiritual" que, embora proporcione um alívio temporário, é ineficaz no mundo real.

Este cenário dramático é, de certa forma, muito hollywoodiano, muito "americano". Mas é real! E entendo por quê. Afinal, vivemos de histórias, elas são o ar que respiramos; sem elas, somos lançados num vazio desesperador que nos "mata" em vida. Se o governador, iniciador desse movimento de jejum e oração, compreendesse o verdadeiro funcionamento das histórias e reconhecesse o risco a que expôs seu povo, teria optado por uma história diferente, não esta, que acabou por ser um insulto ao bom senso e à razão, um exercício de superstição religiosa e ignorância. Lançou a história errada e agora enfrenta as consequências desse ato.

E assim...

Chego a duas conclusões. Primeiro, o governador tem de aprender a fazer 'pitch' ou contratar quem o saiba fazer para auxiliá-lo. Segundo, os meus amigos clamam ter perdido a fé e sentem-se desesperados, expulsos para um vazio que não compreendem, sem saber a que histórias recorrer para encontrar o alento de que precisam para seguir em frente.

Na minha opinião, é possível que tenham sido vítimas de um golpe político ridículo que correu mal. Alguém ou algo — um padre, um pastor, um texto religioso, etc. — pode ter sugerido ao governador aproveitar a situação para autopromoção, afinal, nos EUA as eleições estão sempre à porta. Faltou, contudo, assessoria em 'storytelling' ao governante, pois para doenças reais, orações não são a resposta. Mais religião não é a solução. Quem compreende o desenvolvimento dos mitos nas sociedades saberia disso. Antes de o governador pedir tão ardentemente para que se submetessem ao ritual, relataram-me os meus amigos que o seu pastor, gradualmente, vinha afirmando que a América havia pecado e que o preço do pecado era a 'praga' que se instalara. A congregação, igualmente de forma gradual, estava começando a aceitar que nas sessões de milagres às quartas e domingos, os desígnios de Deus eram apenas curar o que tinha de ser curado, mas não curar quem havia sido acometido pela 'praga' maior. Só que não houve tempo, a conclamação repentina do governador levou o pastor, possivelmente honesto, a arriscar retirar, isto é, roubar das pessoas as suas histórias e outras formas de pensamento mágico, oferecendo-lhes a 'garantia' de que o mito tem respaldo na realidade. Desde tempos imemoriais, essa atitude costuma exacerbar o problema e dificultar a descoberta de uma solução. Nisto tudo, porém, um postulado será sempre verdadeiro: **somos loucos por histórias, pois sem histórias ficamos loucos e INOPERANTES SOCIALMENTE!**

Storytelling: Entre Arte e Ofício

No labirinto de um mundo obcecado pela utilidade, funcionalidade e produtividade, o Storytelling emerge como um bastião de resistência, arte e ofício entrelaçados em uma dança que desafia as convenções sociais.

Tal como a arte em sua forma mais pura, o Storytelling não se destina a reparar objetos quebrados ou atender a necessidades pragmáticas do dia a dia. Ao invés, ele se eleva acima dessas trivialidades, atuando não como um martelo ou chave de fendas, mas como um espelho que reflete a complexidade das emoções humanas e um portal para realidades até então invisíveis.

A arte e o ofício do Storytelling coexistem em uma simbiose onde a inutilidade aparente da arte se funde com a habilidade tangível do ofício, alcançando algo que transcende a simples funcionalidade: a capacidade de elevar a experiência humana para além do mundano. Neste contexto, o Storytelling não é apenas uma forma de arte; é também uma profissão, um "craft" — ofício — meticulosamente aprimorado ao longo dos anos, demandando não apenas criatividade, mas também dedicação, estudo e prática constante.

Quando Oscar Wilde proclamou a inutilidade da arte, ele, paradoxalmente, elevou o Storytelling à sua máxima expressão de liberdade. Ele reconheceu que, em sua essência, tanto a arte quanto o Storytelling servem para desafiar, para questionar e, acima de tudo, para liberar o potencial ilimitado do espírito humano. Ao fazer isso, Wilde celebrou não apenas a arte, mas também o ofício por trás do Storytelling, reconhecendo o valor intrínseco dessa habilidade que transcende a funcionalidade para tocar o âmago do ser humano.

A prática do Storytelling, portanto, se posiciona na intersecção entre arte e profissão. Não é apenas um ato de rebeldia contra a rigidez de uma sociedade obcecada por resultados mensuráveis; é também um ofício que exige compreensão, técnica e a habilidade de tecer histórias que nutrem, fortalecem e realizam. Em sua capacidade de conjurar mundos, despertar emoções e provocar reflexões, o Storytelling lembra-nos que há mais na vida do que a pura sobrevivência. Ele nos convida a explorar o sublime, a reconhecer o caleidoscópio das emoções humanas e a descobrir portais para dimensões ocultas.

Nesta conversa inicial sobre o Storytelling como arte e profissão, reconheço que, apesar das críticas sobre a sua suposta inutilidade, ele permanece como um pilar essencial da expressão humana. É uma janela para o sublime, uma ferramenta de liberdade criativa e um lembrete vibrante da capacidade humana de sonhar, criar e transformar. **O Storytelling,** em sua essência, é um testemunho do ilimitado potencial do espírito humano, um ofício que, longe de ser inútil, é fundamental para a nossa compreensão do mundo e de nós mesmos.

Portanto, ao abraçar o Storytelling tanto como arte quanto como ofício, abrimos as portas para um mundo onde a funcionalidade dá lugar ao significado, onde a utilidade é substituída pela emoção, e onde, no final, descobrimos que as melhores histórias são aquelas que, mesmo desafiando a lógica do pragmatismo, nos fazem mais humanos. E isso, sem dúvida alguma, está longe de ser inútil.

Se você é um profissional de Storytelling e não compreende que essa disciplina é tanto arte quanto ofício, está limitando significativamente o seu potencial de impactar, influenciar e conectar-se com sua audiência. O Storytelling transcende a mera transmissão de informações; é uma prática que requer sensibilidade artística para criar histórias envolventes e habilidade técnica para estruturá-las de forma que ressoem profundamente com os ouvintes ou leitores.

Ignorar a dimensão artística do Storytelling pode resultar em histórias que, embora tecnicamente corretas, falham em capturar a imaginação, evocar emoções ou inspirar ação. A arte reside na capacidade de visualizar e transmitir experiências humanas universais de maneira que seja ao mesmo tempo única e relatable. Sem essa compreensão, as narrativas podem se tornar secas, desprovidas daquela faísca que prende a atenção e toca o coração.

Por outro lado, desconsiderar o Storytelling como ofício pode levar a narrativas artisticamente ricas, mas desorganizadas e ineficazes na comunicação de mensagens-chave ou no encorajamento de engajamento. O ofício envolve dominar a estrutura da história, conhecer as técnicas de construção de personagens, e entender como otimizar o ritmo para maximizar o impacto. Sem habilidade e conhecimento técnico, mesmo as ideias mais criativas podem falhar em se materializar em histórias coerentes e cativantes.

Além disso, não reconhecer o Storytelling como arte e ofício pode impedir o crescimento profissional e a inovação. A evolução constante e a experimentação são essenciais em ambos os aspectos do Storytelling. Profissionais que veem sua prática apenas como um conjunto de regras a serem seguidas, ou como um exercício puramente criativo sem estrutura, podem encontrar-se estagnados, incapazes de se adaptar a novos contextos ou explorar novas fronteiras narrativas.

Portanto, entender o Storytelling exclusivamente sob uma lente limitada – seja como mera arte sem técnica, ou como técnica desprovida de expressão artística – é negligenciar a complexidade e a riqueza dessa prática. É a combinação harmoniosa entre arte e ofício que permite aos contadores de histórias criar histórias poderosas que não apenas informam e entretêm, mas também inspiram, educam e provocam mudanças significativas. Portanto, reconhecer e cultivar ambas as dimensões do Storytelling é fundamental para qualquer profissional que deseje explorar plenamente o vasto potencial dessa disciplina.

A conexão entre o contar histórias e as grandes buscas da vida por felicidade, influência e sucesso é como uma chave mestra que abre portas para salas desconhecidas. Parece que todas as histórias que compartilhamos, de alguma forma, dançam ao redor desses três pilares, seja elevando-os ao palco ou apresentando seus antagonistas: a tristeza, o isolamento e o fracasso. Mas mesmo estas sombras fazem parte do mesmo teatro, atuando no palco oposto. Curiosamente, o palco onde se desenrolam nossas histórias geralmente é construído em três atos: o começo, o meio e o final; o desafio, o conflito, a resolução; como se toda narrativa fosse uma peça em três atos esperando o aplauso final.

Este fenômeno não é apenas um acaso. Ele reflete nossa tentativa de organizar e dar sentido à experiência humana, transformando o caos em algo que podemos compreender e, de alguma forma, controlar. As histórias de sucesso, felicidade e influência são como mapas do tesouro, sugerindo rotas para tesouros escondidos. As histórias de dor, obstáculos e falhas, por outro lado, são como bússolas que nos ajudam a evitar perigos ou aprender com eles, guiando-nos com segurança por mares tempestuosos.

A tradição de dividir histórias em três partes reflete nosso desejo inato por estrutura e significado. Essa configuração não é apenas uma convenção literária; é uma expressão da jornada da vida, repleta de aprendizados e superações. Assim como os clássicos contos infantis com seus três desejos ou três personagens principais, nossas próprias vidas se desenrolam em uma série de tríades, cada uma revelando um pouco mais sobre quem somos e para onde estamos indo.

O storytelling, então, vai além de uma mera arte ou profissão. É um espelho que reflete as complexidades da alma humana e um convite para mergulhar em mundos até então invisíveis. Por meio dele, não apenas contamos histórias; nós vivemos, respiramos e transformamos essas histórias em realidade. As histórias que escolhemos contar e como escolhemos contá-las têm o poder não apenas de refletir nosso mundo, mas também de moldá-lo, influenciando nossa forma de pensar, sentir e agir.

Portanto, entender o storytelling é embarcar em uma exploração sobre como essas histórias podem ser mais do que entretenimento; elas são ferramentas poderosas para compreender e transformar a experiência humana. Ao navegar por esse campo, descobrimos que as histórias não são apenas um meio de comunicação, mas sim uma ponte para conectar indivíduos, compartilhar saberes e inspirar mudanças.

Assim, quem se aventura no ofício do storytelling não está apenas aprendendo a organizar palavras de maneira atraente. Está, na verdade, se capacitando a pintar o mundo com novas cores, a desenhar mapas para territórios desconhecidos e a compor sinfonias que narram a infinita complexidade da vida humana. E isso, em sua essência, é uma jornada que está longe de ser simples, mas é profundamente enriquecedora para quem decide pegar o leme e navegar por essas águas.

Agora, com essa base estabelecida, é hora de seguir adiante e embarcar em uma jornada que vai explorar os três pilares essenciais de todas as histórias humanas: a busca pela felicidade, influência e sucesso.

Prepare-se, pois vamos mergulhar em uma aventura que não apenas vai ensinar-lhe um pouco mais da arte e ofício do storytelling, mas também promete transformar a maneira como você vê o mundo e a si mesmo. Ao virar a próxima e cada página deste livro, lembre-se: **a magia verdadeira do storytelling não está apenas em contar, mas em despertar as histórias que já vivem dentro de você, prontas para serem contadas e transformadas em pontes para seus maiores sonhos.**

Reflita sobre essas questões antes de iniciar a primeira lição.

- Qual é a sua verdadeira paixão pelo storytelling?
- Que histórias você se sente mais compelido a contar?
- Quem é o seu público-alvo?
- Você está disposto a estudar e praticar incansavelmente?
- Como você planeja desenvolver seu próprio estilo?
- Qual é o seu conhecimento sobre as técnicas de storytelling?
- Como você pretende manter-se atualizado e inspirado?
- De que forma você irá medir o seu sucesso?
- O que verdadeiramente me faz feliz?
- O que faz o outro feliz?
- Estou buscando a felicidade nas fontes certas?
- Como defino sucesso e como isso se relaciona com a minha felicidade?
- Quais obstáculos estão me impedindo de ser feliz?
- Como posso cultivar mais gratidão na minha vida?

Lição 1

"A árvore que dá bons frutos é a primeira a levar pedrada."
"Se eu andar me siga, se eu parar me empurre,
se eu voltar me mate."

Autores conhecidos

Primeira Lição

A Escócia no inverno nunca foi para amadores. Em 1967, com todos os jornais anunciando a onda de frio do século, menos ainda. Quando cheguei à escola, larguei a mão da minha mãe e nem olhei para trás para dizer tchau. Inspirei fundo, apertei a minha pasta no peito e corri. Maria Olinda já estava à porta, encostada, pose estilosa, segurando a sacola amarela em que escondia o urso de pelúcia e fingindo ler um livro bem grosso e velho: Guerra e Paz; pelo que me parecia pela capa. Guerra e Paz, pensei, que audácia. Na aula, ainda lutava com a edição ilustrada de Alice no País das Maravilhas. Pior, mesmo que conseguisse ler Guerra e Paz, de luvas de lã grossas tricotadas em casa, como iria passar as páginas?

— Vamos, Mary Linn — disse e apontei para dentro do prédio.

Ela guardou o livro na sacola do urso, empurrou a porta e entrou na frente.

— Em Portugal a gente diz 'bom-dia' pela manhã. Right, Mr Jimmy McSill?

Já lá dentro, meneei a cabeça em direção às janelas que davam para a rua.

— Pouco se me dá que o relógio diga que é nove horas, sem sol, para mim é madrugada.

Maria Olinda levantou os ombros.

— Se dizes...

Outros alunos passavam por nós, dois ou três diminuindo o passo com a nossa falaçada em português. Outros poucos balbuciando um 'gyd mornin', que a Maria Olinda respondia com um 'good morning' em bom inglês.

— Vamos, Jimmy — por fim, disse e apressou-se pelo corredor.

Segui logo atrás dela. Apesar dos meus 11 aninhos eu era o único na classe a ter tentado, de verdade, ler Guerra e Paz, havia lido Estudos sobre Roma Antiga: A Europa e o Legado Clássico, Volume V, pois os outros volumes tinham desparecido, dizia a lenda, há anos da biblioteca. Mas naquele momento não pensava nas minhas proezas de leitor pródigo, mas nas de poeta juvenil amador. Na última folha do meu caderno tinha escrito um poema para a Maria Olinda que começava com a frase 'Morro mais por não amar do que morro por amor' e não tinha ido adiante. Havia escrito uma frase que me parecia bonita, mas eu mesmo não sabia interpretá-la.

Restou caminhar, entrar na sala, pendurar o meu casaco ao lado do da Maria Olinda, arrancar as minhas luvas e, propositadamente, "errando de casaco", metê-las no bolso do casaco dela e me sentar. Na carteira ao seu lado, claro.

Da pasta, tirei os cadernos encapados com papel colorido.

Maria Olinda, virada para mim, parecia mostrar interesse nos meus movimentos.

— Este parece um arco-íris, Jimmy.

— Este encapei com o que restou do papel dos outros, colei os pedaços e virou uma folha inteira, boa para encapar.

— Que lindo — disse e estendeu a mão.

Ela examinou a capa na frente, percorreu os dedos pelas folhas e examinou a capa de trás.

— Que frase linda, Jimmy — exclamou sem passar o caderno para mim, mas mostrando-o para os colegas da frente. — 'Morro mais por não amar do que…'

Arranquei o caderno da mão da Maria Olinda e olhei adiante, arrumei o corpo como que para me levantar, como se a professora fosse entrar naquele instante.

Pus atenção no zumbido da conversa dos colegas da frente e imaginei que um pouco do que eu estava sentindo devia ter chegado ao meu rosto, porque a primeira coisa que o Rob me perguntou foi se eu estava bem. Eu disse que estava bem, e perguntei por quê.

— Porque parece que viu um fantasma — disse ele na língua da Escócia.

— Tem razão — respondi numa coisa que não era nem inglês nem escocês —, vi fantasmas, sim! Esta sala está cheia deles.

— Muito engraçado — retorquiu ele. — Olha o irlandês, ali na frente. Você deve saber o que é um café da manhã irlandês, um rapaz sofisticado como você.

Eu assenti.

— É de matar, certo? — completei. — Bacon, ovos e salsichas.

— E tomate grelhado — acrescentou Maria Olinda, entrando na conversa.

—Ah, isto é que é comida saudável — disse Rob.

Maria Olinda franziu a testa.

— E pão de centeio frito — disse ela —, o que é difícil de encontrar. Você sabe que pão aqui é quase sempre de trigo? Lá em casa a gente toma o café da manhã irlandês nos domingos.

Rob arregalou os olhos.

— Na Espanha se come comida irlandesa?

— Sei lá. Sou portuguesa.

— E ele, é também português — disse apontando para mim.

— Não...

— Mas falam igual.

— Não... sim... ele é do Brasil.

Rob virou-se para frente. Para ele, o mundo se dividia entre Estados Unidos, Inglaterra, Escócia, Irlanda, França, Espanha, Itália e o lugar onde moram os chineses. Eu já havia tentado conversar sobre o Brasil, a África, a Índia e a Austrália e me deparava com olhares vazios.

Maria Olinda tocou o meu braço.

— Deixa-o — falou, em português, em voz baixa.

De vez em quando, ela se dirigia a mim em voz baixa. Na escola, éramos ambos imigrantes e, por coincidência, no primeiro ano primário, descobrimos que falávamos a mesma língua, a qual brincámos a chamar 'pork and cheese', que rimava com 'portuguese'.

Quando a nossa professora chegou, a sala se levantou, deu bom-dia e se sentou. Menos a Maria Olinda. Ela me disse que precisava ir ao banheiro e que copiaria o começo da lição do meu caderno na hora do almoço. Eu disse que estava tudo bem, e ela pediu licença à professora e disse que tinha um mal-estar e precisava de alguns minutos no banheiro.

Da mesa dela recolheu uma caneta, da minha, o caderno multicolorido.

— Mary Linn! — exclamei.

— Você está bem, Jimmy? — retorquiu a professora.

— Não é hora de ficar com essa cara — disse Maria Olinda e foi-se embora com o meu caderno.

Empurrou a porta da sala, saiu sem a fechar.

Deu um passo e voltou ao batente.

Contra a luz vi que Maria Olinda gesticulava.

Gesticulei de volta:

"Tudo bem?"

Com a capa virada para frente e o caderno, eu tinha certeza, aberto na última folha, ela gesticulava de volta com a caneta por sobre a página como se dissesse:

"Posso escrever nele?"

"Pode", assenti com a cabeça.

A porta se fechou e fiquei enjaulado na aula.

O que faço por amor, condenei-me. É mentir-lhe que pus as minhas luvas nos bolsos dela por engano, só para as levar para casa com o cheirinho das mãos da Maria Olinda? Encerrar-me no quarto e dormir com as luvas no nariz era o que eu chamaria de felicidade?

Naquele momento, tentava sem conseguir me convencer de que o que eu precisava mesmo era completar aquele poema. Ou ela o completaria por mim? No banheiro!

Enfim, uma vida de satisfação das necessidades humanas e o equilíbrio das paixões era o caminho mais certo para atingir a felicidade, sempre utilizando a razão como bússola.

Colocação muito sábia...

Só que não era eu, claro, que havia pensado aquela frase. Era de Platão. E, com onze anos, eu achava que a entendia, mas tinha dúvidas. Muitas dúvidas. Muitíssimas. Dentro de mim eu queria tanto ter paz, mas só tinha guerra...

STORYTELLING E FELICIDADE

A concepção de felicidade evoluiu significativamente ao longo da história, refletindo as mudanças culturais e filosóficas de cada época. Na Roma Antiga, a felicidade era associada à virtude e à serenidade de espírito, conforme ensinado pelos estoicos. Na Idade Média, influenciada pela teologia cristã, a felicidade era vista como a união com Deus e a obediência às suas leis. O Iluminismo trouxe a ideia de que a felicidade é um direito individual a ser perseguido nesta vida, enfatizando o bem-estar pessoal.

No século XIX, a Revolução Industrial introduziu uma visão mais materialista da felicidade, ligada ao sucesso financeiro e ao progresso tecnológico. O século XX viu o surgimento da Psicologia Positiva, que destacou a importância das emoções positivas e das experiências significativas para o bem-estar. Atualmente, no século 21, a felicidade é frequentemente relacionada ao bem-estar pessoal, à realização individual, ao equilíbrio entre trabalho e vida pessoal, à saúde emocional e mental, e à importância das relações sociais.

Essas mudanças mostram que, embora as concepções de felicidade variem, a busca por ela é uma constante na experiência humana, influenciada por diversos fatores culturais, sociais e individuais. Reconhecer a diversidade dessas perspectivas nos ajuda a compreender melhor o que significa ser feliz em nosso próprio contexto.

A busca pela felicidade, portanto, transcende culturas, religiões e sociedades. Ser feliz aqui na Escócia, onde moro, difere significativamente de ser feliz em Portugal, por exemplo. Apesar de Portugal ter semelhanças com o Brasil, ser feliz no Brasil se aproxima mais do conceito de felicidade nos EUA do que na Escócia, mesmo com as similaridades culturais. Isso nos leva a questionar: O que é felicidade? Parece uma pergunta estranha, pois sabemos que dificilmente haverá uma resposta satisfatória, mas ainda assim, persistimos: você sabe definir felicidade? Acredita que a felicidade seja a mesma para você e para os outros? Qual é o sentido da felicidade? Ela faz alguma diferença em nossas vidas?

Com efeito, a felicidade desempenha um papel crucial em nossas vidas e pode impactar significativamente como vivemos. Apesar de os pesquisadores ainda não terem definido claramente o que é felicidade ou estabelecido um *framework* para ela, aprendemos muito nas últimas décadas.

Argumenta-se que não evoluímos para ser consistentemente felizes, mas sim para sobreviver e nos reproduzir. A evolução, segundo eles, favoreceu a depressão, evitando que os humanos se envolvessem em situações de risco ou desesperança. No entanto, desde meados do século XX, a felicidade se tornou uma obsessão cultural, influenciando muitas áreas de nossas vidas, ligadas ao significado e ao propósito do "quem somos" e do "por que estamos aqui". Não surpreende, então, que a felicidade seja objeto de inúmeros estudos, que demonstram encontrarmos — e aqui, "encontramos" não se refere a um plural majestático, mas a você e a mim — felicidade nos relacionamentos, no trabalho, no local onde vivemos, na nossa idade e nas condições financeiras, apenas para citar alguns exemplos. Pesquisas recentes sugerem uma forma ainda mais simples de viver uma vida feliz: contar histórias, especificamente a história de nossa vida.

Basta visitar sites de vendas de livros e cursos ou entrar em uma livraria para nos depararmos com uma enorme indústria da felicidade e do pensamento positivo, estimada em mais de 11 bilhões de dólares por ano apenas nos EUA, em 2024 (ano em que escrevo este livro). O país, ou melhor, a cultura norte-americana, contribuiu para criar a ilusão de que a felicidade é uma meta realista. A busca pela felicidade é, sobretudo, um conceito norte-americano, exportado para o resto do mundo através da cultura popular. Na verdade, "a busca pela felicidade" é considerada um dos "direitos inalienáveis" dos cidadãos dos EUA. Infelizmente, isso gerou uma expectativa que a realidade insiste em desmentir, embora com um número crescente de adeptos, tanto em países menos desenvolvidos, com populações de menor nível educacional, quanto em nações ricas, com populações altamente educadas. Esse direito à felicidade pressiona governos — políticos passaram a ser vistos como aqueles que vão nos fazer felizes HOJE —, distorceu religiões como o Cristianismo e fortaleceu doutrinas como a Teologia da Prosperidade. A bênção divina não se restringe mais à felicidade no Paraíso, mas se inicia agora, com o "direito inalienável" a uma conta bancária recheada, uma casa grande, férias inesquecíveis e carros de luxo. Pior, criou-se a impressão de que ser bem-sucedido, rico, saudável, influente, bonito e amado é o normal. No entanto, a realidade frequentemente nos mostra o contrário: o sucesso é quase impossível de ser medido, a riqueza muitas vezes aprisiona mais do que liberta, a saúde, apesar das fórmulas mágicas vendidas pelos gurus do bem-estar, é sempre frágil — basta estar vivo para morrer —, a influência pode ser uma ilusão ou, quando não, algo efêmero; o influente de hoje é o esquecido de amanhã. Quanto à beleza, ela reside nos olhos de quem vê, e o amor, muitas vezes, depende da nossa última postagem em uma rede social, podendo nos fazer instantaneamente amados ou odiados. Se for amor romântico, basta visitar um site de relacionamentos ou ver quem, em seu prédio, busca alguém para amar; a duração de relacionamentos, que antes se contava em décadas, agora se conta em dias, caminhando para ser medida em horas e instantes. Por que, então, mesmo quando, no século XXI, a maioria de nossas necessidades materiais e biológicas tende a ser satisfeita, um estado de felicidade sustentada continua sendo uma meta teórica e ilusória? A felicidade, como disse Vinícius de Moraes, é "como a pluma que o vento vai levando pelo ar; voa tão leve, mas tem vida breve, precisa que haja vento sem parar". A felicidade é uma construção humana, uma ideia abstrata sem equivalente na experiência humana real. Afetos positivos e negativos residem no cérebro, mas a felicidade sustentada não tem base biológica. A indústria global da felicidade, enraizada em parte nos códigos morais cristãos, sugere que existe uma razão moral para qualquer infelicidade que possamos experimentar. A falta de felicidade, dizem, deve-se às nossas deficiências morais, ao egoísmo e ao materialismo. Frequentemente contraditórios, pregam um estado de equilíbrio psicológico virtuoso através da renúncia, do desapego e da contenção do desejo como caminho para a felicidade, para depois afirmar que possuir é a verdadeira essência do ser, uma bênção para aqueles de alma salva. Essas estratégias tentam, simplesmente, encontrar uma solução para nossa incapacidade inata de desfrutar a vida de forma consistente, sugerindo que devemos lutar para ter — sucesso, dinheiro, saúde, beleza, etc. —, ou seja, consumir, enquanto nos consolamos com a ideia de que a infelicidade não é realmente culpa nossa, mas de Eva, de nossos pais, empregadores, amigos, amantes, políticos, religiosos, terapeutas e gurus. A culpa, no entanto, está em nosso "design natural", ou seja, na forma como a natureza nos fez — ou Deus nos criou. Está em nosso DNA. Não existe felicidade natural, não há direito inalienável a nada, exceto na imaginação de uma superpotência econômica que, neste momento da história, ainda domina culturalmente o mundo. Aldous Huxley, em "Admirável Mundo Novo", retrata seres que vivem vidas perfeitamente felizes com a ajuda do "soma", uma droga que os mantém dóceis, mas satisfeitos. Huxley, contudo, levanta a questão, sugerindo que um ser humano livre deve inevitavelmente ser atormentado por emoções quase insuportáveis. Diante da escolha entre tormento emocional e a placidez de uma serena felicidade, muitos de nós, suspeita-se, prefeririam a segunda opção.

Que começo de livro, James! Ouço você exclamar

Eu sei. Mas para que possamos falar de Felicidade e Storytelling no mesmo texto, temos de partir da realidade dos fatos. Até porque, embora a felicidade seja uma ilusão, histórias são sempre realidade. Nós não fomos feitos para sermos felizes, mas fomos feitos para construirmos e nos comunicarmos com histórias, entre ela, histórias felizes que podem vir a nos proporcionar momentos de alento, instantes de alívio e momentos de alegria que, somados, resultam nesta sensação de felicidade. Você, afinal, é o conjunto das suas histórias e, até certo ponto, você é responsável pelas histórias a que se expões e nas quais acredita e escolhe por pautar nelas a sua vida.

A maneira como você constrói e (re)conta a sua história pessoal, mesmo que seja só para você mesmo de olhos fechados na cama, ou frente ao espelho, é importante. As histórias que você escolhe escutar, repetir e (re)criar fornecem o fundamento de sua identidade pessoal, esteja você prestando atenção nessas histórias consciente ou inconscientemente. Não se enganem, ou melhor, não nos enganemos, embora as nossas histórias pessoais estejam em constante evolução, elas ainda contêm vários elementos estáveis que sinalizam características inerentes. Esses elementos, se adequadamente trabalhados, poderão ser pontos de alavancagem para mudanças que nem pensávamos possíveis. 'Mude a sua história, mude a sua vida' é um postulado dos adeptos da autoajuda, entretanto, algo verdadeiro, cientificamente comprovado. Parafraseando McLean, no *Journal of Personality and Social Psychology*, em que afirma que 'as histórias que contamos sobre nós mesmos nos revelam e, por meio delas, construímos a nossa identidade e nos sustentamos ao longo do tempo'. Em outras palavras, a nossa história pessoal, em conjunto com os seus objetivos, valores e características, revela aspectos de nossa personalidade e nos ajuda a formar uma imagem de nós mesmos e do ambiente onde (sobre)vivemos. O significado da história de vida de uma pessoa é parte integral da sua personalidade e identidade. Destacando também que a maneira como contamos as nossas histórias pessoais também pode afetar a nossa saúde mental e bem-estar. Se procurarmos a lições ou pontos positivos advindos das dificuldades, por exemplo, é muito mais provável que desfrutemos de uma maior sensação de bem-estar no nosso cotidiano. Isso indica que muitos de nós obtêm significado não apenas das histórias que contamos a nós mesmos, mas também de como percebemos as histórias ao nosso redor, e de como, baseados no somatório das nossas histórias criadas e contadas internamente, bem como às que nos expomos, compõem a nossa história de vida.

Resumo aqui uma passagem do *Neurocience News* que afirma que 'o ato de a evolução ter priorizado o desenvolvimento de um grande lobo frontal em nosso cérebro — que nos oferece excelentes habilidades executivas e analíticas em detrimento da capacidade natural de ser feliz —, diz muito sobre as prioridades da Natureza. Diferentes localizações geográficas e circuitos no cérebro estão associados a certas funções neurológicas e intelectuais, mas a felicidade, sendo um mero construto sem base neurológica, não pode ser encontrada no tecido cerebral'. Contudo, especialistas neste campo argumentam que o fracasso da Natureza em eliminar a depressão no processo evolutivo, apesar das óbvias desvantagens em termos de sobrevivência e reprodução, se deve precisamente ao fato de que a depressão como adaptação desempenha um papel útil em tempos de adversidade, ajudando o indivíduo deprimido a se desvencilhar de situações arriscadas e sem esperança nas quais ele ou ela não pode vencer. Ruminações depressivas também podem ter uma função de solução de problemas em tempos difíceis.

As histórias que compõem a realidade são a chave

A capacidade de dar uma guinada positiva na nossa história pode tornar a vida mais significativa, servindo de base para o nosso bem-estar físico e mental. Achor, um conselheiro estudantil de Harvard, certa vez disse: 'esses estudantes, por mais felizes que tenham se sentido no momento de sucesso ao entrar nesta universidade, duas semanas depois, as suas mentes já não punham o foco no privilégio la de estarem; focalizavam a competição, ressaltavam a carga de trabalho, concentravam-se nos aborrecimentos, nas tensões e nas reclamações. Percebendo isso, Achor concluiu que a felicidade se resume a apenas 'mudar as lentes' de como você está percebendo seu mundo. O mundo é o mesmo, as histórias que você constrói — inventa — sobre ele é que mudam. Então, como você pode mudar a lente e criar uma história de vida mais positiva?

O que a literatura nos ensina sobre emoção

Patrick Colm Hogan, professor na Universidade de Connecticut, especializado em abordagens cognitivas da teoria literária e crítica, postula — e quem leu os três primeiros volumes da coleção 5 Lições de Storytelling sabe que venho afirmando —, que a histórias, quer por meio da literatura, cinema, teatro, jogos em vídeos e, até mesmo, parques temáticos nos fornecem informações de outra forma indisponíveis sobre a maneira como as emoções são produzidas, experienciadas e representadas na vida social humana. É particularmente valioso porque aprofunda nossa compreensão das relações mútuas entre resposta emocional e julgamento ético. Ao compreendermos como desmontar e remontar esse quebra-cabeças de elementos da narração, passos a entender, ter um 'feeling' de como funcionam as histórias, do valor do estudo das mesmas para uma ciência cognitiva da emoção e descrevermos a organização emocional da mente humana. Como lidamos com as emoções do amor romântico, tristeza, alegria, culpa, vergonha, ciúme, apego, compaixão e piedade?

O que é resposta emocional?

Um ser humano é uma criação complexa, não é preciso falarmos em Storytelling para percebermos isto, basta olhar para nós mesmos. Numa determinada situação, para ganhar um estado mínimo de controle e lidar com os obstáculos das histórias que se nos apresentam revelamos emoções com base a histórias que vivemos na realidade, na ficção ou na fantasia a cada momento da nossa vida. Uma resposta emocional é a reação do corpo a uma situação dada principalmente por uma influência externa a outros indivíduos, grupos, coisas ou entidades. Em síntese, uma reação como felicidade, medo ou tristeza, a um determinado estímulo.

O que é julgamento ético?

Pela visão do Storytelling, ou 'como as histórias podem ser utilizadas para mais eficazmente comunicar ou transformar', o julgamento ético se refere a determinações individuais da adequação de um curso de ação que poderia ser interpretado como errado, ou a avaliação pessoal de um indivíduo do grau em que algum comportamento é ético ou antiético. Em outras palavras, o julgamento ético é uma decisão moral tomada por um indivíduo no contexto de um dilema ético real ou hipotético. Tais julgamentos frequentemente revelam, com base nas histórias que integram o sistema de crenças de um indivíduo, como ele os aplica ao discriminar o certo do errado e as atitudes que incluem a sua orientação moral básica. Esta faculdade de fazer distinções morais também é chamada de julgamento moral.

A construção da história de impacto

Então, é hora de colocarmos a mão na massa! Vamos explorar juntos a construção da história que iniciou esta lição, observando as respostas emocionais que ela provocou em você, bem como os julgamentos éticos que influenciaram, concordando ou discordando do que você acredita, com base nas experiências e histórias que você acumulou ao longo da sua vida até agora. Afinal, são as histórias os nossos mais valiosos legados. Se não deixarmos um legado, viver será sempre uma causa perdida, não é mesmo?

Primeira parte do exercício

Leia cuidadosamente a história imaginando-se no lugar do James.

Passagem do texto	Como o corpo ou a 'alma' do James deve ter reagido neste momento?	Como James se revela a si mesmo neste momento da história?
Escócia no inverno nunca foi para amadores.		
Guerra e Paz, pelo que me parecia pela capa. Guerra e Paz, pensei, que audácia. Na aula, ainda lutava com a edição ilustrada de Alice no País das Maravilhas. Pior, mesmo que conseguisse ler Guerra e Paz, de luvas de lã grossas tricotadas em casa, como iria passar as páginas?		

Segui logo atrás dela. Apesar dos meus 11 aninhos eu era o único na classe a ter tentado, de verdade, ler Guerra e Paz, havia lido Estudos sobre Roma Antiga: A Europa e o Legado Clássico, Volume V, pois os outros volumes tinham desparecido, dizia a lenda, há anos da biblioteca. Mas naquele momento não pensava nas minhas proezas de leitor pródigo, mas nas de poeta juvenil amador. Na última folha do meu caderno tinha escrito um poema para a Maria Olinda que começa com a frase 'Morro mais por não amar do que morro por amor' e não tinha ido adiante. Havia escrito uma frase que me parecia bonita, mas eu mesmo não sabia interpretá-la.

Arranquei o caderno da mão da Maria Olinda e olhei adiante, arrumei o corpo como que para me levantar, como se a professora fosse entrar naquele instante. Pus atenção no zumbido da conversa dos colegas da frente e imaginei que um pouco do que eu estava sentindo devia ter chegado ao meu rosto, porque a primeira coisa que o Rob me perguntou foi se eu estava bem. Eu disse que estava bem, e perguntei por quê. — Porque parece que viu um fantasma — disse ele na língua da Escócia. — Tem razão — respondi numa coisa que não era nem inglês nem escocês —, vi fantasmas, sim! Esta sala está cheia deles.		

A porta se fechou
e fiquei enjaulado
na aula.
O que faço por amor,
condenei-me. É mentir-
-lhe que pus as minhas
luvas nos bolsos dela
por engano, só para as
levar para casa com o
cheirinho das mãos da
Maria Olinda? Encer-
rar-me no quarto e
dormir com as luvas
no nariz era o que eu
chamaria de felicidade?
Naquele momento,
tentava sem conseguir
me convencer de que
o que eu precisava
mesmo era completar
aquele poema. Ou ela o
completaria por mim?
No banheiro!

Segunda parte do exercício

Antes de mergulharmos nos exercícios, é essencial reconhecer a importância de observar como as histórias são construídas. Antes mesmo da ciência da construção de realidades alternativas se estabelecer, a arte do storytelling já florescia, transmitindo sabedoria, conhecimento e experiências de uma geração para outra, de observador para observador. Essa prática milenar de contar histórias não só moldou a maneira como compreendemos o mundo ao nosso redor, mas também como nos vemos nele. Portanto, ao abordarmos estes exercícios, encorajo você a prestar atenção não apenas aos elementos constitutivos das narrativas, mas também a como elas são tecidas para criar mundos que transcendem o nosso, inspirando imaginação, empatia e, em muitos casos, transformação. Este entendimento enriquecerá sua capacidade de apreciar e criar histórias, ligando-o a uma tradição ancestral que é a base de toda a construção de realidades alternativas.

Passagem do texto	Como o seu corpo ou a sua 'alma' reagiu ao ler este trecho da história?	Como James se revela a você neste momento da história?
A Escócia no inverno nunca foi para amadores.		
Guerra e Paz, pelo que me parecia pela capa. Guerra e Paz, pensei, que audácia. Na aula, ainda lutava com a edição ilustrada de Alice no País das Maravilhas. Pior, mesmo que conseguisse ler Guerra e Paz, de luvas de lã grossas tricotadas em casa, como iria passar as páginas?		

Segui logo atrás dela. Apesar dos meus 11 aninhos eu era o único na classe a ter tentado, de verdade, ler Guerra e Paz, havia lido Estudos sobre Roma Antiga: A Europa e o Legado Clássico, Volume V, pois os outros volumes tinham desparecido, dizia a lenda, há anos da biblioteca. Mas naquele momento não pensava nas minhas proezas de leitor pródigo, mas nas de poeta juvenil amador. Na última folha do meu caderno tinha escrito um poema para a Maria Olinda que começa com a frase 'Morro mais por não amar do que morro por amor' e não tinha ido adiante. Havia escrito uma frase que me parecia bonita, mas eu mesmo não sabia interpretá-la.

Arranquei o caderno da mão da Maria Olinda e olhei adiante, arrumei o corpo como que para me levantar, como se a professora fosse entrar naquele instante.
Pus atenção no zumbido da conversa dos colegas da frente e imaginei que um pouco do que eu estava sentindo devia ter chegado ao meu rosto, porque a primeira coisa que o Rob me perguntou foi se eu estava bem. Eu disse que estava bem, e perguntei por quê.
— Porque parece que viu um fantasma — disse ele na língua da Escócia.
— Tem razão — respondi numa coisa que não era nem inglês nem escocês —, vi fantasmas, sim! Esta sala está cheia deles.

A porta se fechou e fiquei enjaulado na aula. O que faço por amor, condenei-me. É mentir-lhe que pus as minhas luvas nos bolsos dela por engano, só para as levar para casa com o cheirinho das mãos da Maria Olinda? Encerrar-me no quarto e dormir com as luvas no nariz era o que eu chamaria de felicidade? Naquele momento, tentava sem conseguir me convencer de que o que eu precisava mesmo era completar aquele poema. Ou ela o completaria por mim? No banheiro!		

Vamos voltar a isso principalmente na Lição 4. Mas, por ora, algumas considerações Importantes:

1. **Respostas Emocionais:** As emoções que a história despertou em você são um testemunho do poder das narrativas de tocar nossos corações. Seja empatia, tristeza, alegria ou surpresa, cada emoção que você experimentou ao ler é um lembrete de que as histórias são uma ponte para o coração humano.
2. **Julgamentos Éticos:** Ao confrontar os seus próprios valores e crenças com as ações e escolhas de James, você participou de um diálogo interno fundamental. Isso destaca como as histórias podem ser um campo fértil para o questionamento ético e moral, oferecendo um espaço seguro para explorar diferentes perspectivas.

3. **A Força das Histórias:** Ao final deste exercício, espero que você tenha percebido como as histórias que lemos, ouvimos e compartilhamos contribuem para a nossa formação enquanto indivíduos. Elas nos definem, moldam nossas crenças, influenciam nossas decisões e colorem nossa visão de mundo.

Agora...

Parabéns se você se lançou de cabeça na tentativa de compreender a construção desta história e por se esforçar para analisar todas essas camadas emocionais e éticas que ela revela. Este exercício foi mais do que um simples teste à sua capacidade de empatia e compreensão; é também um convite para refletir sobre como as histórias, nas suas mais diversas formas, influenciam e moldam as nossas vidas. Dito isto, vou, então, direto ao ponto!

As histórias nos definem e moldam

Confesso que estava pronto a começar este livro com o texto e exercício que se seguirão. Mas, depois, pensei que quem comprar este livro saberá, mesmo que intuitivamente, o que direi agora: **nada mais somos do que a soma de todas as histórias que nos compõem.**

Aqui vai uma demonstração bem simples. Na abertura desta lição eu citei dois 'ditos populares':

"A árvore que dá bons frutos é a primeira a levar pedrada."

"Se eu andar me siga, se eu parar me empurre, se eu voltar me mate."

Lembram?

De um (0) a (5), o quanto você concorda com cada uma delas?

"A árvore que dá bons frutos é a primeira a levar pedrada."

Marca com um X o número da sua escolha: (0) = não concordo de jeito nenhum a (5) concordo plenamente.

1	2	3	4	5

"Se eu andar me siga, se eu parar me empurre, se eu voltar me mate."

Marca com um X o número da sua escolha: (0) = não concordo de jeito nenhum a (5) = concordo plenamente.

1	2	3	4	5

Agora, se eu dissesse que menti, que não são ditos populares, mas partes de discursos de pessoas com grande influência nos destinos de milhares de outras pessoas? De novo, de (0) a (5) — (0) = não concordo de jeito nenhum a (5) = concordo plenamente — você:

Consideraria esta pessoa um bom líder?	0	1	2	3	4	5
Gostaria de tê-lo (a) no rol de amigos?	0	1	2	3	4	5
Perecem que vocês partilham uma visão de mundo parecida?	0	1	2	3	4	5
Usaria esta frase em público para definir a si mesmo e os seus valores?	0	1	2	3	4	5
Se fosse um líder político votaria nele?	0	1	2	3	4	5
Se fosse um líder religioso o seguiria?	0	1	2	3	4	5

Agora, do lado do nome dessas personalidades mundiais marque de (0) a (5) — (0) = **não gosto** desta pessoa de jeito nenhum, muito menos confio nela a (5) = **adoro** essa pessoa e acho que ela **é um exemplo** para mim, e para todos nós, tenho plena confiança nela — de acordo com os sentimentos que você tem quanto a essa pessoa que o levam ou levariam você a segui-la, a admirá-la, a confiar nela.

Papa Francisco	0	1	2	3	4	5
Jair Bolsonaro	0	1	2	3	4	5
Lula da Silva	0	1	2	3	4	5
Margareth Thatcher	0	1	2	3	4	5
Pedro Álvares Cabral	0	1	2	3	4	5
José Mojica	0	1	2	3	4	5
Fernando Henrique Cardoso	0	1	2	3	4	5
Che Guevara	0	1	2	3	4	5
Fidel Castro	0	1	2	3	4	5
Madre Tereza	0	1	2	3	4	5
Ghandi	0	1	2	3	4	5
Cristóvão Colombo	0	1	2	3	4	5

Primeira Lição

Os nomes dos autores estão a lista na página anterior. Quem você escolheria como os autores das frases?

"A árvore que dá bons frutos é a primeira a levar pedrada."

Digamos que você acertou. Como imagina que esse autor seja como pessoa, como você 'venderia' essa ideia dele (caso tenha concordado) para quem, a princípio tenha marcado ZERO, que não concorda com o autor de jeito nenhum e não gosta dele?

"Se eu andar me siga, se eu parar me empurre, se eu voltar me mate."

O mesmo aqui. Digamos que você acertou. Como imagina que esse autor seja como pessoa, como você 'venderia' essa ideia dele (caso tenha concordado) para quem, a princípio tenha marcado ZERO, que não concorda com o autor de jeito nenhum e não gosta dele?

"A árvore que dá bons frutos é a primeira a levar pedrada."
(Bolsonaro)
"Se eu andar me siga, se eu parar me empurre, se eu voltar me mate."
(Che)

Ao iniciar essa jornada de compreensão emocional e — por que não? — ética por meio da construção de uma história, você se deparou com dois exercícios distintos, porém profundamente interconectados. No primeiro momento, foi-lhe proposto um mergulho nas emoções e dilemas morais vivenciados por James, incentivando-o a colocar-se em seu lugar e tentar ver o mundo pelos olhos dele. Esse processo de empatia buscava não apenas uma identificação com o personagem, mas também um entendimento mais profundo das forças internas e externas que moldam suas ações e reações.

Por outro lado, o segundo exercício, embasado nas frases instigantes de Bolsonaro e Che, funcionou como um catalisador para uma reflexão mais introspectiva. Essas citações não foram apenas pontos de partida para uma imersão emocional, mas também pontes para conectar com os seus próprios conceitos e preconcepções. Este desafio estimulou uma reação baseada não apenas no conteúdo explícito do texto, mas também em uma análise mais ampla, considerando as camadas de significado subjacentes e como elas ressoavam ou divergiam de suas crenças pessoais.

Esse processo duplo de identificação e reflexão ilustra a dinâmica complexa entre as histórias que lemos e as que vivemos. Ao se colocar na pele de James, você teve a oportunidade de explorar novas perspectivas e experimentar, mesmo que vicariamente, realidades distintas das suas. Isso amplia horizontes e promove um crescimento pessoal, à medida que novas emoções e pensamentos são integrados à sua compreensão do mundo.

Por outro lado, ao analisar as frases de Bolsonaro e Che sob a luz de suas próprias experiências e crenças, você engajou-se em um processo de autoanálise, confrontando suas ideias preconcebidas com novos contextos e interpretações. Esse exercício não apenas reforça sua maneira de pensar, mas também desafia suas convicções, incentivando um questionamento sobre a origem e a validade das narrativas que adotamos como verdadeiras.

Essa experiência, quero crer, destaca o poder das histórias de moldar nossas reações e percepções sobre o mundo. As histórias não são apenas entretenimento; elas são ferramentas poderosas que nos permitem navegar pela complexidade das relações humanas e pela diversidade de experiências. Ao reconhecer e refletir sobre as histórias que definem e influenciam nossas vidas, tornamo-nos mais aptos a compreender a nós mesmos e aos outros, promovendo uma sociedade mais empática e consciente.

Como deve ter visto, a relação entre o Storytelling — o poder subjacente às histórias (bem) estruturadas —, e a 'construção da felicidade' — criação de momentos de alegria que, em seu conjunto, nos proporcionam a ilusão de uma felicidade plena —, é intrínseca e profunda. O Storytelling como arte e conjunto de técnicas não é apenas uma forma de contar histórias melhores; é uma ferramenta poderosa para moldar percepções, influenciar emoções e construir realidades compartilhadas, permitindo que compartilhemos experiências, sonhos e aspirações de forma que ressoem com os outros. Através das histórias, podemos transmitir emoções complexas, desde a alegria pura até os desafios superados, criando um tecido de experiências que nos une uns aos outros. Cada história possui intrinsecamente o poder de inspirar, motivar e oferecer conforto, sendo estes os pilares essenciais para a edificação de um estado contínuo de bem-estar e satisfação. Mas será isso magia? De forma alguma. Trata-se do que denominamos "Storytelling" — histórias concebidas ou assimiladas com uma intenção clara, seja de forma autônoma ou incutidas em nossa consciência por terceiros. No fim das contas, são as histórias que escolhemos contar e aquelas que permitimos que nos contem, que moldam nossa realidade, entrelaçando nossas experiências em um mosaico de felicidade. Portanto, lembre-se: nas páginas da vida, o autor da sua felicidade é SEMPRE você.

As histórias que vivemos ou criamos, alinhadas com nossas experiências e emoções, tecem a ilusão de uma felicidade plena. Longe de ser uma falácia, essa percepção evidencia a habilidade extraordinária do ser humano em superar adversidades e encontrar luz mesmo nas sombras. O Storytelling é, portanto, um pilar fundamental na edificação da felicidade, pois ao compartilharmos e nos reconhecermos nas histórias de alegria e superação, nutrimos um otimismo que permeia nosso ser, fomentando um bem-estar coletivo. As histórias, quer pessoais ou corporativas ou literárias que escolhemos partilhar e acolher não apenas enobrecem a nossa jornada, mas entrelaçam os nossos destinos como espécie, semeando um campo fértil para a 'felicidade' florescer. Lembre-se: na grande história da vida, a caneta está nas suas mãos. Daí, a conclusão que emerge é clara: as histórias têm o poder de contribuir para o nosso bem-estar — ou não — porque elas não apenas nos permitem vivenciar vidas além da nossa, mas também nos confrontam com as profundezas de nossa própria humanidade.

Vamos alinhar ou criar histórias que geram felicidade?

Como já mencionei, o Storytelling, a arte de contar histórias com propósitos específicos e transformadores, é uma tradição tão antiga quanto a própria humanidade. Desde os tempos ancestrais, quando as histórias eram transmitidas oralmente ao redor das fogueiras, até a era digital moderna, com suas narrativas multimídias, o Storytelling continua a ser um veículo poderoso para compartilhar conhecimento, tradições e valores.

Vale lembrar que a chamada felicidade é um estado emocional positivo caracterizado por sentimentos de contentamento, satisfação e bem-estar, sendo uma das aspirações mais universais da experiência humana. Embora sua definição possa variar entre culturas e indivíduos, a busca pela felicidade é uma constante universal, um tema recorrente tanto nas histórias que contamos quanto nas vidas que vivemos.

Assim, Storytelling e felicidade estão intrinsecamente ligados pela maneira como as histórias moldam nossa percepção do mundo. Através das histórias, somos capazes de experimentar a vida de forma vicária, explorando emoções, culturas e experiências além das nossas próprias. As histórias nos permitem viver inúmeras vidas, enfrentar desafios imaginários e celebrar triunfos fictícios, tudo dentro da segurança de nossa própria imaginação. Nesse processo, elas não apenas enriquecem nossa experiência de vida, mas também nos fornecem modelos de resiliência, esperança e, em última análise, felicidade.

Dito isso, acrescento que o Storytelling oferece um meio para expressarmos nossas próprias experiências, desejos e sonhos. Ao contar nossas histórias, compartilhamos partes de nós mesmos, conectando-nos com os outros em um nível profundamente humano. Esta conexão, baseada na empatia e compreensão mútua, é fundamental para a construção de comunidades coesas e solidárias, onde a felicidade pode ser mais facilmente cultivada e sustentada.

Compreendido isto?

Vamos a um exercício!

Criando Histórias que Geram Felicidade

» **Passo 1:** Definição do Tema

Escolha um tema que esteja relacionado à felicidade ou que geralmente provoque sentimentos positivos nas pessoas. Pode ser algo tão simples quanto um dia na natureza, um encontro com um amigo, ou um momento de superação pessoal. Pode ser uma história expressa por ilustrações, gestos, peças musicais. Você decide. Pode, até mesmo, se uma história criada de SILÊNCIOS entre histórias faladas. Afinal, tudi vai depender do teu propósito e de quem será o receptor da tua história. Sempre digo, que aqueles que não compreendem o nosso silêncio nunca compreenderão as nossas palavras. Repito! Você decide.

» **Passo 2:** Desenvolvimento dos Personagens

Crie personagens que sejam *relatables* e tridimensionais. (Em português, "relatables" pode ser traduzido como "com os quais se pode relacionar" ou "relatáveis", referindo-se a personagens, situações ou histórias com as quais as pessoas se identificam facilmente devido à sua universalidade, autenticidade ou por espelharem experiências humanas comuns.) Pense, então, nas suas motivações, desejos, e nos desafios que enfrentam. A forma como os personagens superam os obstáculos ou encontram alegria nas pequenas coisas pode ser uma fonte poderosa de inspiração para a felicidade.

» **Passo 3:** Construção do Enredo

Desenvolva um enredo que seja envolvente e que incorpore elementos de superação, descoberta, amizade ou amor. A jornada do personagem deve levar o ouvinte ou leitor a uma conclusão satisfatória que ressoe com a noção de contentamento ou realização.

» **Passo 4:** Ambientação e Detalhes

Enriqueça sua história com descrições vívidas do ambiente e detalhes sensoriais que possam transportar o ouvinte ou leitor para o mundo que você está criando. Esses detalhes ajudam a imergir completamente na experiência narrativa, ampliando o potencial emocional da história.

» **Passo 5:** Mensagem ou Moral

Certifique-se de que sua história contenha uma mensagem positiva ou uma moral que reforce a ideia de felicidade ou bem-estar. A mensagem não precisa ser óbvia ou didática, mas deve emergir naturalmente da experiência dos personagens e do enredo.

» **Passo 6:** Compartilhamento

Compartilhe sua história e observe as reações e o feedback. A troca de histórias não apenas fortalece as conexões humanas, mas também multiplica os sentimentos de felicidade associados à narrativa compartilhada.

Qual foi o resultado do compartilhamento? O que mudaria na história para a tornar mais interessante, transformadora, impactante?

Não me canso de enfatizar que a prática do Storytelling é tanto uma arte quanto uma ciência. Quanto mais você pratica, mais afiadas se tornam as suas habilidades em tecer narrativas que não só entretêm, mas também inspiram e elevam.

Como ficou a sua história com base nesses seis passo?

Certa vez...

Agora que você já sabe como elaborar uma história básica, este segmento irá auxiliá-lo numa investigação mais aprofundada sobre o Storytelling e como ele atua como uma ponte entre a narrativa, i.e., a história, e a experiência vivida, influenciando diretamente nossa capacidade de encontrar alegria, propósito e satisfação em nossas vidas. Ao mergulharmos nos próximos segmentos, exploraremos a psicologia por trás do Storytelling, exemplos concretos de histórias que moldam nossa compreensão da felicidade e como podemos aplicar conscientemente o Storytelling em nossas próprias vidas para promover o bem-estar. Contudo, o modelo permanece o mesmo, seja você utilizando uma história que irá gerar felicidade em um leitor, na venda de um produto, ou criando uma atmosfera de bem-estar dentro de uma empresa.

Esta arte ancestral, entrelaçada na essência da experiência humana, serve como uma ponte entre a narrativa pura e a experiência vivida, influenciando diretamente nossa busca por alegria, propósito e satisfação. Cabe aqui dizer que a minha própria jornada com as histórias tem sido tanto de descoberta quanto de autoexpressão, revelando-se um caminho repleto de aprendizados e transformações. As histórias têm sido para mim a espinha dorsal de minha conexão com amigos e familiares, enriquecendo as interações com camadas de significado e emoção. Em salas de aula e no palco palestrando e em outros espaços de aprendizagem, testemunhei como histórias bem construídas podem transformar o ensino em uma experiência imersiva e memorável, ligando teoria à prática de maneira indelével.

No ambiente profissional, as histórias emergiram como ferramentas poderosas para forjar culturas organizacionais coesas e inspirar equipes em direção a objetivos comuns. E na esfera pessoal, o Story Therapy (a terapia por meio da compreensão do que se esconde por detrás e resinificação das histórias) me ensinou o valor de reenquadrar minhas próprias histórias, permitindo-me superar obstáculos e encarar a vida com uma nova perspectiva.

A arte e o entretenimento, permeados de histórias que provocam reflexão, também têm sido fontes inesgotáveis de alegria e inspiração, permitindo-me explorar realidades além da minha própria. Da mesma forma, na mídia, aprendi a discernir e valorizar histórias que promovem um discurso construtivo e enriquecedor. A espiritualidade e as tradições religiosas, obviamente, com os seus mosaicos de histórias, têm sido faróis de orientação e consolo, iluminando caminhos em momentos de incerteza. E no ativismo, histórias de resiliência e solidariedade reforçaram a minha crença no poder da coletividade para promover mudanças significativas.

Vamos então, mergulhando em exemplos que moldam a nossa compreensão da felicidade e investigando como podemos aplicar intencionalmente essa arte em nossas vidas para cultivar bem-estar. Independente do contexto — seja na criação de uma atmosfera de bem-estar em um ambiente corporativo, na promoção de um produto ou no simples ato de compartilhar alegria —, o modelo fundamental do Storytelling permanece o mesmo. Juntos, gosto de imaginar, vamos descobrir como as narrativas podem ser entrelaçadas em e com o nosso cotidiano, não só para entreter, vender, educar etc., mas para enriquecer a nossa experiência de vida, conectando-nos uns aos outros e ao mundo em um 'enredo' vibrante de humanidade compartilhada.

Nesta lição, vou me concentrar em histórias a serem usadas dentro de uma empresa ou por uma empresa para se promover, promover ou vender produtos ou serviços. Contudo, não nos esqueças de que NÓS SOMOS A NOSSA 'EMPRESA', afinal, a vida é como um empreendimento porque, em sua essência, cada decisão que tomamos, cada risco que assumimos e cada objetivo que estabelecemos, refletem os mesmos princípios que orientam a construção e o crescimento de uma empresa: visão, estratégia, perseverança e adaptação constante diante dos desafios.

Então, vamos a isso! Quando ler 'empresa', entenda também 'eu mesmo', 'o meu cliente', 'a minha família', 'a minha igreja', 'a minha palestra', 'a minha aula' ou 'o meu curso'.

A felicidade no trabalho, definida pela sensação de realização, engajamento e satisfação profissional, é uma meta almejada tanto por líderes quanto por suas equipes. É um indicador não apenas de bem-estar pessoal, mas também de produtividade, criatividade e, consequentemente, sucesso empresarial. Neste contexto, o Storytelling emerge como uma ponte poderosa, conectando metas empresariais com aspirações pessoais, e transformando a visão organizacional em uma jornada compartilhada que inspira e motiva.

Histórias de origem

Líderes e empreendedores, através do Storytelling, têm a oportunidade de moldar culturas corporativas onde a história da empresa se alinha com os valores e objetivos de seus membros. Histórias de origem, superação de desafios, inovações e sucessos coletivos se tornam os fios que unem a equipe, fomentando um ambiente de trabalho onde os funcionários se sentem parte de algo maior, contribuindo para sua felicidade e sentido de propósito.

Além disso, o Storytelling serve como uma ferramenta vital para a marca e o marketing, permitindo que empresas comuniquem sua missão, valores e diferenciais de forma autêntica e emocionalmente ressonante. Neste cenário, clientes e *stakeholders* se tornam não apenas consumidores, mas também coautores da história da empresa, participando ativamente de sua evolução e sucesso.

Para desenvolver e praticar os conceitos de Storytelling e felicidade no ambiente empresarial, proponho um exercício chamado "Narrativas de Impacto: Construindo a História da Sua Empresa". Este exercício é projetado para líderes e empreendedores que desejam aprimorar suas habilidades de contar histórias, com o objetivo de fortalecer a cultura da empresa, melhorar o engajamento da equipe e criar uma conexão mais profunda com clientes e *stakeholders*.

Por que realizar este exercício?

Ele irá:

- ✓ REFINAR A HABILIDADE DE CONTAR HISTÓRIAS QUE RESSOEM COM A EQUIPE E OS CLIENTES.
- ✓ ARTICULAR A MISSÃO, VISÃO E VALORES DA EMPRESA DE FORMA ENVOLVENTE E INSPIRADORA.
- ✓ PROMOVER UMA CULTURA DE FELICIDADE E ENGAJAMENTO NO AMBIENTE DE TRABALHO.

Parte 1: Identificação dos Elementos da História

1. **Missão e Visão:** Anote a missão e a visão da sua empresa. Estas serão o "coração" da sua história.
2. **Desafios e Superações:** Liste os principais desafios que a sua empresa enfrentou e como foram superados. Estes serão os "pontos de tensão" da sua história.

3. **Momentos de Sucesso:** registre os sucessos significativos da sua empresa. Estes servirão como "clímax" da sua história.

4. **Valores e Cultura:** Descreva os valores fundamentais da sua empresa e exemplos de como eles são vivenciados no dia a dia. Estes serão o "pano de fundo" da sua história.

Parte 2: Construção da História

1. **Introdução:** Comece com uma introdução cativante que apresente a missão e a visão da empresa. Use uma pergunta retórica, uma estatística surpreendente ou uma anedota breve para chamar a atenção.

2. **Desenvolvimento:** Narre os desafios enfrentados pela empresa e como foram superados, intercalando com os valores que guiaram as decisões e ações. Utilize depoimentos ou exemplos específicos para ilustrar esses momentos.

3. **Clímax:** Destaque os sucessos alcançados, enfatizando como eles são reflexos da missão, visão e valores da empresa. Demonstre o impacto desses sucessos na equipe, nos clientes e na comunidade.

4. **Conclusão:** Finalize com uma reflexão sobre a jornada da empresa até o momento e uma visão inspiradora para o futuro. Convide sua equipe e clientes a serem coautores dessa história contínua.

Parte 3: Prática e Aplicação

1. **Compartilhamento Interno:** Apresente a história construída em uma reunião de equipe ou evento interno. Observe as reações e peça feedback para refinamentos.

2. **Material de Marketing:** Adapte a história para diferentes formatos de marketing, como conteúdo de website, brochuras, apresentações para clientes e campanhas de mídia social.

3. **Feedback e Iteração:** Recolha feedback de diversas fontes, incluindo funcionários, clientes e parceiros. Use esse feedback para aprimorar a história e garantir que ela ressoe autenticamente com todos os públicos.

Reflexão:

Após a execução do exercício, reserve um momento para refletir sobre as seguintes questões:

- ✓ Como a história da sua empresa pode influenciar a felicidade e o engajamento da sua equipe?
- ✓ De que maneira a história desenvolvida fortalece a conexão com seus clientes e stakeholders? ("parte interessada", termo utilizado para se referir a indivíduos ou grupos que têm interesse ou são afetados pelas atividades de uma organização, como funcionários, clientes, fornecedores, acionistas, comunidade local, entre outros.)
- ✓ Quais ajustes você pode fazer para que a história da sua empresa seja ainda mais envolvente e inspiradora?

Para implementar os princípios de Storytelling e felicidade no ambiente empresarial, uma estrutura eficaz, porém, deve ser a seguinte:

Estrutura da história impactante (exemplos virão logo depois):

1. **Abertura Atraente:**
   Gancho: Comece com algo que chame imediatamente a atenção, como uma pergunta intrigante, uma estatística surpreendente, ou uma citação inspiradora.
   Contexto: Forneça um breve contexto sobre o que será discutido, estabelecendo o cenário para a história.

2. Introdução dos Personagens:

Protagonistas: Apresente os personagens principais da história, que muitas vezes são os fundadores, membros da equipe, ou até mesmo os clientes da empresa.

Relacionamento: Descreva suas motivações, desafios e a relação entre eles, estabelecendo uma conexão emocional com o público.

3. Conflito ou Desafio:

Tensão: Apresente um problema significativo ou um desafio que os personagens enfrentam, o qual é crucial para o desenvolvimento da história.

Relevância: Mostre como esse desafio é relevante para os valores da empresa e para o público-alvo, aumentando a empatia e o engajamento.

4. Jornada e Superação:

Jornada: Narre a jornada dos personagens enquanto eles enfrentam e lidam com o desafio, incluindo os altos e baixos.

Valores em Ação: Destaque como os valores da empresa orientam as decisões e ações dos personagens, demonstrando a cultura e os princípios da empresa na prática.

5. Clímax e Realização:

Momento Decisivo: Apresente o ponto de virada onde os personagens superam o desafio, muitas vezes de uma maneira criativa ou inesperada.

Realização: Enfatize a realização ou a lição aprendida, mostrando como a superação contribui para a felicidade e o bem-estar dos envolvidos.

6. Conclusão e Chamada para Ação:

Reflexão: Encerre com uma reflexão sobre a jornada e suas implicações para o futuro.

Chamada para Ação: Inclua uma chamada clara para ação, incentivando o público a se envolver, seja adotando uma prática, participando de uma iniciativa ou refletindo sobre suas próprias experiências.

7. Epílogo (Opcional):

Atualizações: Forneça atualizações sobre os personagens ou a situação, se aplicável, para mostrar o progresso contínuo ou o impacto a longo prazo.

Engajamento Continuado: Encoraje o feedback e a participação contínua do público, mantendo a história viva e relevante.

Implementação:

- ✓ **Reuniões e Apresentações:** Use essa estrutura em reuniões e apresentações internas para compartilhar sucessos, aprender com desafios e reforçar a cultura da empresa.
- ✓ **Comunicação com Clientes:** Adapte histórias para campanhas de marketing, conteúdo de mídia social, e comunicações com clientes, destacando como a empresa resolve problemas e cria valor.
- ✓ **Treinamento e Desenvolvimento:** Integre histórias em programas de treinamento e desenvolvimento para exemplificar comportamentos e atitudes desejados dentro da empresa.
- ✓ **Feedback e Iteração:** Recolha feedback regularmente sobre as histórias contadas, ajustando-as conforme necessário para garantir que permaneçam relevantes, envolventes e alinhadas com os objetivos da empresa.

Esta estrutura de histórias é flexível e pode ser adaptada conforme as necessidades específicas da audiência. A chave é garantir que cada história seja autêntica, relevante e alinhada com os valores e a missão da empresa.

Para implementar os princípios de Storytelling no ambiente empresarial, focando na promoção da felicidade e do engajamento, podemos criar histórias estruturadas em torno de três arquétipos principais: a Jornada do Herói, o Renascimento e a Busca. Cada um desses arquétipos pode ser adaptado para refletir os valores da empresa, os desafios superados e os sucessos alcançados, promovendo uma cultura positiva e motivadora.

EXEMPLO 1:
A Jornada do Herói na Inovação de Produtos

Contexto: Uma empresa de tecnologia que desenvolveu um produto inovador após superar vários obstáculos técnicos e financeiros.

Estrutura:
1. **Ordem Comum:** A empresa começa em um mercado competitivo, enfrentando desafios para se destacar.
2. **Chamado à Aventura:** Identifica uma necessidade não atendida no mercado, que nenhum produto existente resolve.
3. **Superação de Obstáculos:** Enfrenta dificuldades técnicas e financeiras durante o desenvolvimento do produto.
4. **Alcançando o Clímax:** Lança o produto inovador, que é bem recebido pelo mercado, resolvendo o problema identificado.
5. **Retorno Transformado:** A empresa não só alcança sucesso comercial, mas também estabelece uma nova cultura de inovação e resiliência entre seus funcionários.

Mensagem Central: A história destaca a perseverança, a inovação e o impacto positivo tanto para a empresa quanto para os clientes, inspirando funcionários a abraçarem desafios com determinação e criatividade.

EXEMPLO 2:
Renascimento através da Mudança Estratégica

Contexto: Uma empresa familiar de varejo que se reinventa digitalmente para enfrentar a crescente concorrência online.

Estrutura:
1. **Estado Inicial:** A empresa tem uma sólida base de clientes locais, mas observa uma queda nas vendas devido ao aumento das compras online.
2. **Confronto com a Realidade:** Reconhece a necessidade de adaptar-se às mudanças do mercado para sobreviver.

3. **Transformação:** Investe na digitalização, desenvolvendo um e-commerce e implementando estratégias de marketing digital.
4. **Renovação:** A transformação digital atrai uma nova base de clientes online, aumentando as vendas e expandindo o alcance da marca.
5. **Novo Começo:** A empresa não apenas recupera sua posição no mercado, mas também inicia uma nova era de crescimento e inovação.

Mensagem Central: Esta história ressalta a importância da adaptação e inovação, incentivando os funcionários a abraçarem a mudança como uma oportunidade de crescimento e renovação.

EXEMPLO 3:
A Busca pela Sustentabilidade

Contexto: Uma startup que desenvolve soluções sustentáveis para problemas ambientais críticos.

Estrutura:
1. **Mundo Comum:** A startup é fundada com a missão de contribuir para a sustentabilidade ambiental.
2. **A Busca:** Enfrenta desafios técnicos e de mercado para desenvolver um produto sustentável que seja viável comercialmente.
3. **Aliados e Desafios:** Forma parcerias estratégicas e supera ceticismo do mercado quanto à viabilidade de soluções sustentáveis.
4. **Conquista:** Lança um produto inovador que não só é ambientalmente sustentável, mas também competitivo no mercado.
5. **Retorno com o Elixir:** A empresa não só alcança sucesso comercial, mas também estabelece um novo padrão na indústria, inspirando outras empresas a seguirem um caminho sustentável.

Mensagem Central: Esta história enfatiza a missão da empresa de fazer a diferença no mundo, encorajando os funcionários a se dedicarem a uma causa maior que transcende o sucesso comercial.

Cada um desses exemplos serve como instrumento eficaz a gestores e empreendedores, objetivando aplicar o Storytelling para solidificar a cultura organizacional, congregar a equipe e estabelecer vínculo mais profundo, fomentando ambiente laboral pautado em satisfação e propósito coletivo.

A interligação entre Storytelling no contexto empresarial e bem-estar reside na aptidão das histórias para inspirar, incentivar e engajar indivíduos, contribuindo a um meio profissional mais positivo e gratificante.

Examinemos como cada exemplificação da história, onde são aplicados os princípios da Arte e Profissão que chamamos de Storytelling, relaciona-se à satisfação:

EXEMPLO 1:
A Jornada do Herói na Inovação de Produtos

Felicidade através da Realização e Propósito: Os funcionários participam ativamente de uma jornada desafiadora que culmina no sucesso inovador do produto. Este sucesso não apenas traz realização profissional, mas também reforça um senso de propósito, ao saber que estão contribuindo para algo maior que faz a diferença no mercado e na vida dos consumidores.

Cultura de Inovação e Resiliência: A história promove uma cultura empresarial que valoriza a inovação e a resiliência, fatores chave para a satisfação no trabalho. Os funcionários se sentem mais engajados e felizes quando veem que seu ambiente de trabalho encoraja a criatividade e a superação de obstáculos.

EXEMPLO 2:
Renascimento através da Mudança Estratégica

Felicidade através da Adaptação e Crescimento: Ao se reinventar digitalmente, a empresa não apenas sobrevive em um mercado desafiador, mas também abre novos caminhos para o crescimento. Isso traz uma sensação de segurança e otimismo para os funcionários, contribuindo para sua felicidade ao verem que fazem parte de uma organização adaptável e próspera.

Sentimento de Pertença e Contribuição: A transformação digital é uma jornada coletiva que requer a participação e contribuição de todos. Isso fortalece o senso de comunidade e pertencimento entre os funcionários, aumentando sua satisfação e felicidade ao sentir que suas contribuições são valiosas e reconhecidas.

EXEMPLO 3:
A Busca pela Sustentabilidade

Felicidade através do Alinhamento de Valores: Trabalhar por uma causa maior, como a sustentabilidade ambiental, alinha os valores pessoais dos funcionários com os da empresa, gerando uma profunda sensação de satisfação e bem-estar. Saber que seu trabalho contribui para soluções significativas de problemas globais pode ser uma fonte poderosa de felicidade e orgulho.

Cultura de Inovação e Impacto Positivo: A busca por soluções sustentáveis promove uma cultura de inovação e responsabilidade social, que é gratificante para os funcionários. Participar de iniciativas que têm um impacto positivo tangível no mundo pode aumentar significativamente a felicidade e o engajamento no trabalho.

Em cada um desses exemplos, o Storytelling não é apenas uma ferramenta para comunicar a missão, visão e valores da empresa; é também um meio de criar uma experiência compartilhada que eleva o moral, reforça a identidade coletiva e promove um ambiente de trabalho onde a felicidade e o bem-estar dos funcionários são priorizados. Ao contar histórias que ressoam com os funcionários e destacam seus papéis em sucessos compartilhados, os líderes podem cultivar um senso de propósito, pertencimento e realização que é fundamental para a felicidade no trabalho.

Já para ilustrar os conceitos de Storytelling no ambiente empresarial e o seu impacto na felicidade e produtividade dos colaboradores, criei para você três estudos de caso fictícios. Cada um destes casos refletirá um dos arquétipos de Storytelling: a Jornada do Herói, o Renascimento e a Busca, mostrando como um colaborador passou de uma situação de insatisfação para uma de realização e felicidade.

ESTUDO DE CASO 1:
A Jornada do Herói na Inovação de Produtos

Contexto: "Marco" era um engenheiro de produto em uma empresa de tecnologia. Apesar de ser altamente qualificado, ele se sentia desmotivado e insatisfeito, pois suas ideias inovadoras eram constantemente ignoradas, deixando-o sentir-se subvalorizado e patético.

Desafio: A empresa enfrentava uma forte concorrência e precisava inovar para se destacar no mercado.

A Jornada: Marco foi escolhido para liderar um projeto de desenvolvimento de um novo produto inovador. Inicialmente hesitante, ele aceitou o desafio, vendo uma oportunidade de finalmente provar seu valor.

Superação e Crescimento: Durante o projeto, Marco enfrentou vários obstáculos, desde limitações técnicas a descrenças de colegas. No entanto, usando sua criatividade e determinação, ele superou esses desafios, liderando sua equipe à criação de um produto revolucionário.

Transformação: O lançamento bem-sucedido do produto não apenas impulsionou a posição da empresa no mercado, mas também transformou Marco. Ele passou de um colaborador infeliz e subestimado para um líder confiante e respeitado, reconhecido por sua contribuição inestimável para a empresa.

Resultado: A satisfação e felicidade de Marco atingiram novos patamares, refletindo-se em sua produtividade e no moral de sua equipe, que agora se sentia inspirada e motivada por sua liderança.

ESTUDO DE CASO 2:
Renascimento através da Mudança Estratégica

Contexto: "Lívia" trabalhava em uma tradicional loja de varejo familiar. Com o crescimento do e-commerce, ela via as vendas declinarem e sentia-se impotente e infeliz, questionando seu futuro na empresa.

Desafio: A empresa precisava se adaptar à era digital para sobreviver.

Renascimento: Diante da crise, Lívia propôs e liderou a transformação digital da loja, introduzindo um e-commerce e novas estratégias de marketing digital.

Superação e Crescimento: Lívia enfrentou resistência inicialmente, mas sua persistência e visão inovadora levaram a loja a estabelecer uma presença online bem-sucedida, atraindo uma nova geração de clientes.

Transformação: A mudança não só revitalizou o negócio, mas também reacendeu a paixão e o entusiasmo de Lívia pelo trabalho. Ela passou de uma colaboradora desanimada para uma líder inspiradora, responsável por uma nova era de crescimento na empresa.

Resultado: A felicidade e produtividade de Lívia aumentaram exponencialmente, assim como a de seus colegas, que foram encorajados por sua liderança e os novos rumos de sucesso da empresa.

ESTUDO DE CASO 3:
A Busca pela Sustentabilidade

Contexto: "Tiago" era um cientista em uma startup focada em soluções ambientais. Inicialmente, ele se sentia frustrado e infeliz devido ao ceticismo externo e à falta de recursos, questionando o impacto real de seu trabalho.

Desafio: A startup estava desenvolvendo um produto inovador para resolver um problema ambiental, mas enfrentava dúvidas sobre sua viabilidade e impacto.

A Busca: Tiago mergulhou na pesquisa e desenvolvimento do produto, buscando não apenas inovação técnica, mas também maneiras de demonstrar seu impacto ambiental positivo.

Superação e Crescimento: Apesar dos desafios, Tiago e sua equipe conseguiram desenvolver uma solução sustentável eficaz, provando sua viabilidade e importância.

Transformação: O sucesso do produto e seu reconhecimento no mercado transformaram Tiago. De um cientista desiludido, ele se tornou um pioneiro na área de sustentabilidade, orgulhoso de seu trabalho e confiante no futuro.

Resultado: A realização de Tiago em contribuir significativamente para a sustentabilidade ambiental trouxe uma profunda sensação de felicidade e propósito, refletindo-se em sua produtividade e influenciando positivamente seus colegas.

Estes estudos de caso ilustram como o Storytelling, quando incorporado à cultura empresarial, pode transformar a experiência dos colaboradores, levando-os de um estado de insatisfação para um de realização, felicidade e produtividade, fortalecendo assim a empresa como um todo.

CASO 1:
A Inovação de Marco

Em uma empresa de tecnologia assombrada pela sombra da concorrência, Marco, um engenheiro de produto, encontrava-se perdido em um mar de indiferença. Cada dia, uma repetição do anterior, deixava-o questionando seu valor. Mas o destino, astuto como é, estava prestes a virar a página dessa história.

O desafio veio na forma de um projeto arriscado: desenvolver um produto inovador, algo que pudesse quebrar as correntes da mediocridade. Inicialmente, Marco duvidou de suas capacidades, mas a chama da oportunidade ardeu mais forte. Ele agarrou-se à missão com um fervor renovado, navegando por tempestades de ceticismo e limitações técnicas.

Cada obstáculo superado tecia um novo capítulo de confiança e determinação em Marco. E quando o produto finalmente veio à luz, não foi apenas uma vitória para a empresa, mas uma transformação pessoal para Marco. De um colaborador desvalorizado a um líder inspirador, sua jornada foi uma prova viva de que, mesmo nas mais patéticas profundezas da desesperança, jazem as sementes da grandeza.

CASO 2:
A Transformação Digital de Lívia

Lívia, uma alma veterana em uma loja de varejo familiar, assistia ao mundo ao seu redor digitalizar-se rapidamente, enquanto seu refúgio de anos permanecia ancorado no passado. As paredes da loja, repletas de histórias e risadas, ecoavam agora uma melodia de silêncio e incerteza.

A revolução veio em forma de epifania. "Por que não trazer o passado que tanto amamos para o futuro que nos espera?" pensou Lívia. Com pouca experiência digital, mas armada com uma vontade indomável, ela se propôs a reescrever o destino da loja.

A jornada foi árdua, repleta de erros e aprendizados, mas cada passo adiante era um passo fora da sombra do patético para a luz do progresso. Quando a loja finalmente abriu suas portas virtuais, Lívia não apenas revitalizou o negócio, mas também redescobriu sua paixão e propósito, inspirando a todos com sua visão de um renascimento marcado pela união do tradicional com o moderno.

CASO 3:
A Missão Verde de Tiago

Tiago, um cientista em uma startup de sustentabilidade, encontrava-se em um labirinto de frustrações. Cercado por dúvidas e limitado por recursos, o impacto de seu trabalho parecia tão distante quanto as estrelas no céu noturno.

Mas a paixão de Tiago pela Terra era um fogo que não podia ser apagado. Ele viu além das críticas, sonhando com um mundo onde o verde da natureza prevalecesse sobre o cinza do desânimo. Com uma equipe de mentes brilhantes ao seu lado, Tiago embarcou em uma busca incansável por soluções sustentáveis.

Cada experimento, cada fracasso, era apenas um degrau na escada para o sucesso. Quando a inovação de Tiago finalmente tomou forma, não foi apenas um triunfo para a startup, mas uma vitória pessoal. Ele havia transformado seu desânimo em uma força motriz para a mudança, provando que mesmo o mais patético dos começos pode levar a um final feliz e verdejante.

Esses minicontos — como se fossem estudos de casos — ilustram a jornada de indivíduos que, apesar das adversidades, encontram na inovação, na adaptação e na sustentabilidade, caminhos para a realização pessoal e profissional, transformando não apenas suas próprias vidas, mas também as de suas empresas e comunidades.

> Para reescrever os casos num estilo mais dinâmico, envolventes e ritmo acelerado, ponho foco em criar tensão, desenvolver personagens fortes e inserir reviravoltas surpreendentes, mantendo uma narrativa concisa e direta (opinião minha: veja bem onde usará as usas histórias e por que precisa delas produzidas de uma determinada maneira. Cada caso pode ser um caso).

Exemplos na prática:

A estrutura de três atos é a espinha dorsal de inúmeras histórias que ressoam em nosso íntimo, desde fábulas ancestrais até os mais modernos blockbusters. Essa simplicidade narrativa, dividida em princípio, meio e fim, não apenas ordena a trama de maneira intuitiva, mas também captura a essência da jornada humana — um reflexo das nossas próprias vidas, repletas de inícios, desafios e resoluções.

No **princípio**, somos introduzidos ao universo da história, aos personagens e ao conflito inicial que serve de catalisador para a aventura. É o momento de estabelecer as bases, criar conexões emocionais e semear as questões que impulsionarão a história.

O **meio** mergulha nos desafios e desenvolvimentos, onde os personagens enfrentam obstáculos, crescem e se transformam. É a parte mais carnuda da história, recheada de tensão, dilemas e ação, conduzindo o enredo através de reviravoltas e descobertas que mantêm o público engajado.

Por fim, o **fim** traz a resolução dos conflitos, oferecendo um fechamento para as questões levantadas. É o clímax onde as consequências das escolhas feitas são reveladas, os personagens alcançam seu crescimento e a história chega a uma conclusão satisfatória, deixando o público com uma sensação de completude.

Essa estrutura de três atos, embora simples, é uma ferramenta poderosa para Storytellers, permitindo uma vasta gama de criatividade dentro de uma forma reconhecível. Ela é um convite para explorar a complexidade humana dentro de um arcabouço que é, ao mesmo tempo, familiar e infinitamente adaptável. Ao entender e aplicar essa estrutura, podemos criar histórias que não apenas entretêm, mas também ressoam profundamente com a experiência humana.

Veja um exemplo:

O Voo da Fênix
(se for uma história corporativa, não precisa de título)

Princípio: Em uma pequena cidade costeira, vive Marina, uma jovem com sonhos de se tornar uma renomada chef de cozinha. Apesar de seu talento natural, ela se vê presa à lanchonete da família, o "Cantinho do Sabor", temendo desapontar seus pais ao seguir seus próprios sonhos. A chegada de um famoso crítico gastronômico à cidade acende uma faísca de esperança em Marina, despertando nela o desejo de provar seu valor.

Meio: Enquanto se prepara para a visita do crítico, Marina enfrenta diversos obstáculos: a resistência dos pais que temem vê-la fracassar, a escassez de recursos para criar um prato inovador, e a dúvida cruel que sussurra em seu ouvido, questionando sua capacidade. Com a ajuda de Leo, um amigo de infância que compartilha de seu amor pela culinária, Marina começa a experimentar com ingredientes locais, buscando a perfeita combinação que expressa sua identidade culinária. A cada tentativa falha, Marina aprende mais sobre sua arte, fortalecendo sua determinação.

Fim: No dia da avaliação, com o crítico sentado anonimamente entre os clientes do "Cantinho do Sabor", Marina decide servir um prato que homenageia sua cidade natal, combinando tradição e inovação. O crítico, impressionado com a ousadia e a autenticidade do prato, revela sua identidade e oferece a Marina a chance de estudar em uma prestigiada escola de culinária no exterior. Os pais de Marina, vendo a felicidade e o sucesso da filha, reconhecem a importância de apoiar seus sonhos. Marina, agora confiante em seu caminho, promete trazer sua nova aprendizagem de volta para enriquecer a culinária de sua cidade natal.

Frase de impacto: Como a fênix que renasce das cinzas, Marina aprendeu que, para alcançar novas alturas, às vezes é preciso se permitir arder em paixão, deixando para trás o medo do fracasso e abraçando a transformação que leva ao verdadeiro sucesso.

Vamos trabalhar isto na prática?

Com base na estrutura de três atos e inspirado por essas histórias-exemplo que se seguem, crie a sua própria. Não há problema em utilizar a historinha como modelo; posteriormente, você ganhará mais liberdade na criação.

O Despertar de Marco

Na penumbra do escritório, Marco encarava a tela do computador, seus olhos refletindo o vazio de suas esperanças. A empresa, um gigante tecnológico outrora vibrante, agora estava à beira da obscuridade, ofuscada por rivais mais ágeis, mais famintos.

Marco, um talento desperdiçado em meio à burocracia e ao desdém, sentia-se como um fantasma vagando pelos corredores silenciosos. Até que um e-mail inesperado caiu em sua caixa de entrada, um desafio disfarçado de projeto: criar algo inovador, algo revolucionário. Era sua última chance, um tudo ou nada.

Com o coração batendo como um tambor de guerra, Marco reuniu uma equipe de desajustados, cada um com seus próprios fantasmas. Juntos, enfrentaram noites insones, ideias fracassadas e a constante ameaça do fracasso. Mas, em meio à tempestade, Marco encontrou sua voz, sua visão. E quando o produto finalmente foi revelado, não apenas salvou a empresa da ruína, mas também reacendeu a chama da esperança em seu coração.

Crie a sua história

Lívia e o Renascimento Digital

Lívia estava presa em uma teia de tradições, cada fio uma lembrança do que a loja de varejo familiar costumava ser. O mundo ao redor havia mudado, mas ali, o tempo parecia ter parado. Ela poderia ter se resignado ao destino da loja, mas Lívia era feita de material mais resistente.

Armada apenas com sua astúcia e uma determinação feroz, Lívia embarcou em uma missão para trazer a loja para a era digital. Foi uma batalha árdua contra a resistência ao novo, cada passo adiante custava uma eternidade. Mas Lívia não estava sozinha nessa luta; ela tinha uma arma secreta: a história da loja, uma história de paixão e perseverança.

Quando o site foi ao ar, e os primeiros pedidos online começaram a chegar, Lívia sabia que tinha triunfado. Ela não apenas salvou o negócio da família, mas também se reinventou como a arquiteta de um novo capítulo na história da loja.

Crie a sua história

Tiago e a Revolução Verde

Tiago estava à beira do abismo, sua startup de sustentabilidade pendendo por um fio. O mundo precisava de sua inovação, mas o caminho à frente estava repleto de céticos e obstáculos aparentemente intransponíveis.

Mas Tiago era um homem movido não pelo medo, mas pela visão de um futuro mais verde. Com cada experimento falho, sua determinação apenas crescia, forjando-o no fogo do desespero. Ele sabia que a verdadeira inovação não vinha da facilidade, mas da luta contra o impossível.

E então, contra todas as probabilidades, aconteceu. A inovação de Tiago, uma solução elegante e sustentável para um dos problemas mais prementes do mundo, finalmente viu a luz do dia. Foi mais do que uma vitória para sua startup; foi um golpe de misericórdia no cinismo que o cercava, uma prova de que mesmo as mais patéticas origens podem levar a resultados extraordinários.

Para encerrar esta lição, sugiro que releia com atenção aos detalhes a história que abriu este capítulo. Recriados no meu estilo próprio, claro, esses minicontos capturam a essência de personagens confrontados com desafios aparentemente insuperáveis, encontrando dentro de si a força para superá-los, um tema recorrente que ressoa profundamente com os leitores em busca de suspense, emoção e, finalmente, redenção.

Analisar como 'James' – o da história – se sentia e como esse entendimento pode guiar um líder a criar uma história (que muita gente gosta de chamar de 'narrativa') emocional e cativante envolve mergulhar nos detalhes e subtextos desta mesma 'narrativa', explorando as emoções e motivações das personagens.

Crie a sua história

Para concluir, vamos dissecar os elementos principais de uma boa história:

Análise Emocional da Narrativa, ou seja, como a história foi elaborada com o intuito de gerar impacto transformacional:

1. Ambiente e Atmosfera:

A Escócia no inverno de 1967, com a onda de frio do século, estabelece imediatamente um cenário desafiador, onde até as atividades diárias se tornam uma luta contra os elementos. Isso reflete as adversidades que James enfrenta, não apenas físicas, mas também emocionais, ao tentar navegar em seu ambiente escolar e social.

2. Relações Interpessoais:

A interação inicial entre James e Maria Olinda na entrada da escola sugere uma mistura de admiração e rivalidade. A pose estilosa de Maria com "Guerra e Paz" e a reação de James, ainda preso à "Alice no País das Maravilhas", destacam a diferença de maturidade e interesses, alimentando a insegurança de James.

A troca de cumprimentos e a conversa em português no corredor revelam uma camaradagem e uma conexão cultural entre James e Maria Olinda, que se contrasta com a sensação de isolamento que eles sentem no ambiente escolar escocês.

3. Aspirações e Conflitos Internos:

James é retratado como uma figura complexa: por um lado, um leitor ávido e aspirante a poeta; por outro, um garoto de 11 anos lutando com sentimentos de inadequação e amor não correspondido.

O poema inacabado e a interação com o caderno colorido simbolizam a tentativa de James de expressar seus sentimentos, enquanto o ato de esconder suas luvas no casaco de Maria Olinda reflete seu desejo de uma conexão mais íntima, ainda que não saiba como alcançá-la.

4. Humor e Ironia:

A conversa sobre o café da manhã irlandês e a confusão de Rob sobre nacionalidades introduzem um elemento de humor, mas também destacam a alienação cultural que James e Maria Olinda experimentam.

A ironia de James se sentir como um estrangeiro em sua própria sala de aula, cercado por "fantasmas" de incompreensão e isolamento, é um poderoso comentário sobre a busca por identidade e pertencimento.

Aplicação para Liderança:

Um líder pode se inspirar nesta análise para criar histórias emocionais e envolventes ao:

1. Estabelecer um Cenário Relatável:

Comece com um ambiente ou desafio que ressoe com a equipe, criando um cenário comum onde as emoções e lutas possam ser compartilhadas.

2. Explorar Relações e Dinâmicas:

Incorpore interações e relações que revelem as complexidades das personalidades da equipe, mostrando como diferentes membros contribuem e interagem dentro do grupo.

3. Abordar Conflitos e Aspirações:

Inclua conflitos internos ou desafios pessoais que os membros da equipe possam estar enfrentando, mostrando como eles superam essas adversidades ou como a equipe pode apoiá-los nessa jornada.

4. Utilizar Humor e Ironia com Sensibilidade:

Equilibre a história com momentos de leveza e humor para aliviar tensões, mas sempre com sensibilidade para não alienar ou ofender membros da equipe.

5. Concluir com Reflexão e Crescimento:

Encerre a história com uma reflexão sobre as lições aprendidas e o crescimento pessoal, incentivando a equipe a refletir sobre suas próprias jornadas e contribuições.

Ao entender e analisar as nuances emocionais de uma história como a de James / Jimmy, um líder pode criar narrativas que não apenas capturam a atenção da equipe, mas também fomentam um ambiente de empatia, apoio mútuo e crescimento coletivo. Enfim, no coração de cada organização bem-sucedida estão as histórias que compartilhamos — histórias de desafios superados, de inovação e de triunfo. Como líderes, a arte de contar histórias não é apenas uma ferramenta para engajar e inspirar; é fundamental para forjar conexões profundas e promover uma cultura de empatia e apoio mútuo.

NOTA:
Que tal agora retornar às histórias que você criou com base na estrutura de três atos e revisá-las? Afinal, escrever é reescrever!

PAPINHO EXTRA, MAS QUE PODE INTERESSAR

Através de uma análise detalhada de uma narrativa envolvente, podemos extrair lições valiosas sobre como criar histórias emocionais que ressoam em todos os níveis de nossa organização. Vale lembrar que toda a grande história começa com um cenário que capta a imaginação. No ambiente de trabalho, isso se traduz em estabelecer um contexto comum que todos na equipe possam se relacionar. Seja um desafio de projeto que testa os limites da equipe ou um objetivo ambicioso que busca alcançar, o cenário deve refletir as realidades do ambiente de trabalho, permitindo que cada membro da equipe veja um reflexo de suas próprias experiências e aspirações. Pois, as histórias mais memoráveis são aquelas que exploram a complexidade das relações humanas. No contexto empresarial, isso significa tecer narrativas que destacam como diferentes membros da equipe interagem, colaboram e, às vezes, entram em conflito. Essas histórias não apenas ilustram a diversidade de pensamentos e abordagens dentro da equipe, mas também celebram como essa diversidade pode ser a maior força da equipe, levando a soluções criativas e inovadoras.

Nenhuma história está completa sem um conflito central ou um desafio a ser superado. Sublinhe esta frase no seu livro, copie-a e cole na parede! No ambiente de trabalho (ou qualquer outro), esses conflitos podem variar desde desafios técnicos até barreiras interpessoais. Ao abordar esses desafios nas histórias que compartilhamos, podemos mostrar não apenas a resiliência e a tenacidade da equipe, mas também como o apoio coletivo e a colaboração são cruciais para superar obstáculos.

Claro, numa boa história, não pode faltar o humor, que quando usado de forma apropriada, pode ser uma ferramenta poderosa para aliviar tensões e construir camaradagem. O humor é o tempero da história. No entanto, é crucial que esse humor seja inclusivo e sensível às diferentes perspectivas e experiências dentro da equipe. Histórias que incorporam elementos de humor devem visar unir a equipe, evitando alienar ou ofender membros individuais.

Finalmente, jamais esquecer que toda a história poderosa termina com uma nota de reflexão, destacando as lições aprendidas e o crescimento alcançado. Essa reflexão não apenas reforça a cultura de aprendizado contínuo, mas também celebra o progresso coletivo e individual. Sei que vou repetir isto inúmeras vezes neste livro, mas depois dessas décadas a trabalhar com milhares de casos e centenas de pessoas, afirmo que o poder do Storytelling reside na sua capacidade de conectar, inspirar e unir. Ao criar histórias emocionais e envolventes, podemos promover uma cultura de empatia, apoio mútuo e colaboração não apenas valorizados, mas vividos diariamente. À medida que continuamos a navegar nos desafios e oportunidades do mundo moderno, as histórias que compartilhamos iluminam o nosso caminho e fortaleçam-nos os laços.

Aqui vai um tiquinho da minha história pessoal. Como fundador e diretor do McSill Story Studio na Inglaterra, minha jornada foi uma rica colcha de retalhos, costurados com os fios coloridos das inúmeras histórias que passaram pelas nossas portas. Desde o início, o estúdio foi mais do que um negócio para mim; era um sonho realizado, um espaço sagrado dedicado à arte de contar histórias, onde cada narrativa tinha o poder de transformar.

Minha visão sempre foi clara: criar um ambiente onde a criatividade florescesse livremente, um lugar onde escritores e leitores se conectassem em um nível profundo e significativo. Eu queria que o McSill fosse um estúdio onde a felicidade e a realização não fossem apenas metas, mas a essência de nossa existência diária.

Para alcançar esse objetivo, sabia que tinha de liderar pelo exemplo. Compartilhei minha própria história com a equipe, revelando os altos e baixos de minha carreira, os momentos de dúvida e os de clareza. Ao abrir meu coração, esperava inspirar os outros a fazerem o mesmo, promovendo um espaço de trabalho onde vulnerabilidade e força andassem de mãos dadas.

Incentivei todos no estúdio a trazerem suas histórias para o trabalho, não apenas as de sucesso, mas também aquelas marcadas por desafios e superações. O "Mural de Narrativas" (Living stories mural) que estabelecemos tornou-se um símbolo de nossa cultura compartilhada, uma coleção viva das jornadas pessoais que moldaram cada um de nós.

No entanto, essa mudança de foco trouxe consigo seus próprios desafios. Alguns viram nossa ênfase na felicidade e bem-estar como uma distração dos objetivos financeiros do estúdio. Projetos que antes eram selecionados por seu potencial comercial agora eram escolhidos por sua capacidade de tocar corações e provocar reflexão. Para alguns, essa foi uma desaceleração preocupante; para mim, foi uma evolução necessária.

Conforme nos afastávamos das métricas convencionais de sucesso, algo extraordinário começou a acontecer. Histórias mais autênticas e emocionalmente ricas começaram a surgir, atraindo um público que ansiava por conexão e significado. A equipe, uma vez cética, agora compartilhava uma paixão renovada pelo nosso trabalho, celebrando cada história como um triunfo coletivo.

Olhando para trás, minha jornada à frente do McSill Story Studio pode ser vista como uma viagem do sucesso convencional ao "fracasso" aos olhos do mundo corporativo. Mas, para mim, foi uma transformação do superficial ao substancial. Aprendi que o verdadeiro valor não se encontra nos números de um relatório financeiro, mas nas histórias que criamos e contamos e nas vidas que mudamos, o resultado disto é que por meio do McSill Story Studio e da McSill Media, estamos, eu e os meus associados, no mundo inteiro. São projetos ou parcerias que vão do mundo corporativo, ao educacional ao do entretenimento, que se estendem por todos os continentes, sem precisar de uma linha de «hard-selling», sem precisar usar subterfúgios nem sempre muito honestos intelectualmente para angariar clientes. Mas, já que comecei a querer falar a respeito de influência e sucesso, paro agora e deixo para continuar nas próximas lições. O importante aqui, porém, é você! Continua pronto para entender mais, vivenciar mais, escrever e partilhar a sua história?

Reflita sobre essas questões antes de iniciar a segunda lição

- Quem são as pessoas que mais influenciaram minha vida até agora?
- De que maneira quero influenciar os outros?
- Quais são os valores que desejo transmitir através da minha influência?
- Como posso usar minha influência para promover mudanças positivas?
- Qual é o impacto da minha presença digital na minha capacidade de influenciar?
- De que maneiras posso medir o impacto da minha influência?
- Quais habilidades preciso desenvolver para ser mais influente?
- Como posso equilibrar influência e autenticidade?
- Quais são os riscos de ter uma grande influência e como posso mitigá-los?
- Como a minha rede de contatos contribui para a minha influência?
- De que forma posso lidar com a resistência à minha influência?
- Como posso utilizar a influência para liderar de forma mais eficaz?
- Quais são os limites éticos da influência?
- Como posso garantir que minha influência tenha um impacto duradouro?

Lição 2

"Por maior que seja o buraco em que você se encontra, pense que, por enquanto, ainda não há terra em cima."

Dercy Gonçalves

Segunda Lição

1976 tinha sido um ano ridículo. Enamorei-me com o Siol nan Gaidheal, o Semente dos Gaels, um grupo étnico-nacionalista protofascista, porque eu sonhava querer a independência da Escócia. Isto era o meio do ano, agora avizinhava-se o Natal e eu dizia para a Maria Olinda no sofá da sala da casa dela:

— Gosto desses dias frios e cinzentos de inverno, Mary Linn. Dias como esses me permitem saborear o meu mau humor.

— Tal como a cor da primavera está nas flores, Jimmy; a cor do inverno está na imaginação. Se achas que é cinzento, assim o é para ti. Para mim, nesses dias frios e escuros, sonho com as flores para me aquecer.

— Você e a sua pendência lusitana para o poético.

— Pois — disse ela, prolongando a palavra, como fazia sempre que pretendia mudar de assunto —, hoje o sol não brilhou. Está muito úmido para a gente dar um passeio no parque. Então, sentemo-nos aqui em casa, esqueçamos todo o frio aí fora e vamos ver TV.

Maria Olinda se levantou do meu lado e ligou a TV, que vomitava risos e gargalhadas enlatados dos programas das tardes.

Risos...

Gargalhadas...

O meu peito que vinha pesado arrebentou num arremedo de uma barragem. Levei as mãos ao rosto e não contive o soluço. Que virou um choro que eu não tinha como controlar, um berreiro, como se eu tivesse três anos e o Bicho Papão realmente existisse e viesse me pegar.

Por um instante ela ficou como em suspensão, depois, baixou o volume do aparelho e voltou a sentar-se ao meu lado.

— Hey, Jimmy...

— Mary Linn, eu tomei uma decisão importante: nunca vou abandonar a Escócia. Outros ao meu redor vão para o Canadá, para a Austrália. Eles serão esquecidos. Nada deles vai permanecer. O interruptor da luz vai ser desligado e as vidas deles, deles todos, serão marcadas por lápides de mármore em cemitérios no estrangeiro com falsos resumos: "a sua estrela brilhará para sempre", "pai, irmão e avô, nunca será esquecido", "ele gostava de fados", e um dia elas também vão se perder em uma inundação, ou irão se partir em pedaços por algum futuro terremoto. Eu vou para o Brasil, mas volto. Mas volto.

Maria Olinda pousou a sua mão na minha e eu continuei no lamento, jurando que não deixaria que viessem me dizer que a vida era uma jornada, que eu havia voltado para ficar. Dali de Glasgow ao extremo Sul do Brasil, apesar do bilhete só de ida, seria uma viagem de volta também, eu não ia acabar ficando por lá por falta de um bilhete de retorno, eu ia para a faculdade, ia morar com a minha avó, ia aprender português. Ia atravessar o Atlântico e voltar direto para casa. Tinha de ser assim, seria assim, afirmei, e, calando-me, prometia em pensamento, que iria voltar para os braços inconstantes da Mary Linn. Uma jornada, a vida toda… com ela. Porém, se era isso que eu sabia que desejava, por que ir estudar lá onde Judas perdeu as botas, quase na fronteira do Uruguai, por que fugir?

Maria Olinda olhou diretamente para o meu rosto. Balançou a cabeça bem devagar e limpou as minhas lágrimas com o polegar.

— Tem gente à porta — disse.

Sem aparentar pressa, moveu-se até a porta e a abriu.

Do lado de fora, no corredor, estava o Rob, a última pessoa na terra que eu esperava ver. Ele rapidamente registrou pânico nos meus olhos cansados, devia estar se lembrando das pancadas que o acordaram cedo naquela manhã quando abriu a porta e me perguntou o que eu fazia lá àquela hora. O que eu fazia lá! Antes ele não tivesse me perguntado nada. Antes não tivesse se gabado na reunião do Siol nan Gaidheal do que ele e a namoradinha Mary Linn haviam feito na cama. Na cama dos pais dela, ainda por cima. O deitar, o rolar, as palavras de entrega, o amarem-se como se não houvesse amanhã.

— Os teus pais já chegaram? — sem entrar, ele perguntou.

— Tudo bem contigo, Rob? — ela retorquiu.

O que eu fazia ali! Antes não tivesse ido ao apartamento da Maria Olinda, muito menos, tivesse ficado chorando no sofá e fingindo que chorava por abandonar a Escócia e o nosso movimento de independência por quatro anos, muito menos ainda, mentir para mim mesmo que estava preocupado com chegar ao Brasil, gostar e não voltar mais. Ela, a Maria Olinda, namorada, amante, parceira sexual do Rob era o problema. Por que ela fez isto comigo quase às vésperas da minha partida? Por que nesses anos todos nunca tive o arrojo, a bravura, o destemor de lhe dizer o quanto a amava, o quanto sempre a amei?

Num piscar de olhos ele estava de pé à minha frente.

Ameacei levantar, mas ele me apontou o dedo em riste.

— Fique sentado, seu filho da puta. O que deu em você? Qual o problema que você tem comigo?

Rob cerrou os dedos.

Maria Olinda pulou entre mim e ele, o punho fechado do Rob já batendo no ombro dela.

— Tu estás maluco, Rob? Senta-te e nada mais de 'filhos da puta' nesta casa.

Rob fechou a mão na direção da minha cara.

Ela agarrou-lhe os pulsos e parou o ataque quando comecei a chorar.

— Hey — disse ela em voz baixa — o que se passa aqui? Vocês não são os melhores amigos?

Mais soluços foram a minha resposta.

Rob segurou os braços dela, mas não se sentaram. Ele a conduziu para o lado do televisor.

Maria Olinda olhou para ele, olhou para mim.

— Que diabos aconteceu com vocês? Algo que eu devo saber?

Rob libertou os braços dela, o rosto ainda inundado de raiva.

— Eu não sei, Mary Linn. Jimmy é que deve saber.

Lágrimas continuaram a chover pelas minhas bochechas. Eu queria colocar as minhas mãos nas dela, alisar-lhe as costas, o peito, levá-la eu até ao quarto, onde os cheiros dela e do Rob ainda devem estar preservados, encaixotados e guardados para me atormentarem para sempre. Eu queria fazer o Rob desparecer, tirá-la daqui, a minha amada Maria Olinda, e nos trancarmos no quarto, eu e ela, e eu me trancar dentro dela, e tê-la só para mim.

— Estou a perder a paciência — disse ela, agora ríspida, e em português.

Os meus sentidos, de repente, ganharam vida. Dei uma risada que veio não sei de onde, mas que saiu agradável, fácil, como se nada estivesse acontecendo. Aproveitei então para me levantar, atravessar a sala até à porta.

— O que é isso, Jimmy? — ela perguntou, sua voz desfiada por medo ou desconfiança. — O que é isso, Rob? Vocês estão a brincar comigo? Se for, chega.

Maria Olinda segurou Rob pelos ombros.

Aproveitei que ela teria se distraído, puxei do cabide junto à porta o meu casaco e cachecol e recolhi do bolso do casaco dela o par de luvas grossas, enfiando-as no meu bolso e saí.

Desci as escadas três degrau de cada vez.

Já à porta do prédio, a voz da Maria Olinda reverberou no corredor.

— Estás machucado, magoado, Jimmy? Jimmy...

Uma hora depois, temporariamente eu era dono de mim mesmo, ainda caminhava para casa, atravessando o parque, encharcando os sapatos que pretendia usar para a viagem, emporcalhando de lama a minha roupa toda, as poucas que possuía e que teria de estar na mala. Mas fodam-se as roupas. Foda-se o mundo e eu mesmo. Um desfile de imagens impossíveis me assolava a mente. Naquele turbilhão, em faíscas que me iluminavam por dentro e me faziam perder noção do caminho, Mary Linn estava chupando o meu pau em um banheiro do McDonalds do centro de Glasgow e aquilo era mais romântico do que poderia parecer, porque gostávamos um do outro, nos amávamos. Aquilo não era um boquete; era mais uma das nossas traquinices, que aprontávamos deste o jardim da infância, feito roubar biscoitos da cozinha lá de casa, tirar os sapatos e meias a caminho do colégio para atolar os pés na lama e lavar na torneira de um bebedouro público. Quando as nossas pernas ficavam muitas vezes arrepiadas e ela mandava que eu me lavasse depressa e que se preocupava com a conservação da água. Mas eu não pensava na água, esperava que ela me arrastasse para um arbusto e me beijasse.

Droga! Quanta coisa poderia ter acontecido, mas nunca aconteceu!

Agora é fazer as malas e partir, e lutar.

— Jimmy, meu querido — murmurei —, bem-vindo à selva!

STORYTELLING E INFLUÊNCIA

Ao longo da história, a ideia de influência tem passado por uma evolução notável, refletindo mudanças sociais, culturais e tecnológicas. Na Roma Antiga, influência significava poder e prestígio, com figuras como Cícero utilizando sua eloquência para moldar o cenário político. Na Idade Média, a influência estava nas mãos da Igreja, com líderes religiosos como o Papa Gregório VII exercendo poder sobre as massas através de doutrinas e ensinamentos.

Durante o Renascimento e o Iluminismo, a ênfase mudou para a razão, a ciência e o pensamento crítico, com indivíduos como Galileu Galilei desafiando as normas e influenciando o pensamento intelectual. A Revolução Industrial e a globalização expandiram o alcance da influência através da tecnologia e da mídia, possibilitando que figuras como Oprah Winfrey atingissem e moldassem opiniões em uma escala sem precedentes.

No século XXI, a era digital e as redes sociais revolucionaram a dinâmica da influência, permitindo que qualquer pessoa, independentemente de seu status social ou poder institucional, tenha a capacidade de influenciar um público vasto. Criadores de conteúdo em plataformas como YouTube, Instagram e TikTok exemplificam essa nova forma de influência, moldando tendências e comportamentos em diversas áreas.

Essa trajetória mostra como a influência evoluiu de um conceito restrito a elites para uma realidade democrática, onde ideias e opiniões podem ser compartilhadas amplamente, redefinindo o impacto social e cultural na contemporaneidade.

Deixe-me esclarecer, para continuar a conversar sobre este assunto ao abrir esta lição, o que quero dizer com a palavra influência no escopo deste livro. Para a definir, vou usar linguagem um tanto figurada, pois no universo do Storytelling usado para influenciar, as histórias são como os encantadores feitiços, capazes de transformar a pedra mais rígida em coração pulsante. Elas não marcham diretamente ao campo de batalha da razão com espadas e escudos; em vez disso, infiltram-se sorrateiramente nas linhas inimigas do ceticismo, deixando para trás um exército de emoções prontas para conquistar a fortaleza da mente. Cada história bem construída é um laboratório alquímico em que se misturam ingredientes de experiências humanas universais com uma pitada de drama, uma colherada de aventura e um toque de mistério, cozinhando a poção mágica que transforma pensamentos e incita a ação. Em vez de simplesmente declarar 'Eu penso, logo existo', as histórias nos fazem viver, sentir e, por fim, mudar, dizendo: 'Eu sinto, logo transformo'. No fascinante mundo do Storytelling destinado a influenciar, as histórias são como os truques astutos, desafiando as leis da lógica e escapando das amarras do ceticismo com um piscar de olhos. Elas não confrontam a mente crítica com argumentos diretos, mas sim, deslizam pelas sombras, plantando sementes de emoção nos solos férteis da imaginação, prontas para brotar e tomar de assalto o pensamento racional.

Com as histórias como nossas aliadas, navegamos pelo oceano da influência, desdobrando velas de papel repletas de palavras que podem nos levar a qualquer lugar, até mesmo além do horizonte do conhecido, rumo ao sublime desconhecido. Afinal, cada história é uma jornada, e cada ouvinte é um explorador ansioso por descobrir os territórios desconhecidos que cada palavra nossa pode desvendar. Ao dominar a arte e a ciência do Storytelling, não apenas contamos histórias — nós criamos mundos, e convidamos os outros a habitá-los com a gente.

Uma pergunta que me fazem constantemente: de onde tiro inspiração para histórias que realmente emocionem, movam a minha audiência, para que possa levá-los — i.e., influenciá-los a me escutar e agir?

Decerto, muita gente vai a livros, recorre a Google ou ao ChatGPT, mas as histórias vêm frias, sem graça. Ainda falta muito para que uma máquina possa emular a experiência humana. Resultado: pode sair uma historinha boa, porém, não convence. Se não convence, não influencia, se não influencia, não serão obtidos os resultados desejados.

Como se faz, então?

Deve haver mil maneiras, mas aqui vou mostrar como tenho feito. Simples, fácil e capitalizo naquilo que é natural a existência nossa neste planeta e como a experienciamos.

Pense assim: navegar pelo oceano do Storytelling é embarcar numa expedição onde cada história é uma embarcação desenhada para cruzar as marés da emoção e atracar no porto da consciência. Cada história é um mapa estelar, guiando-nos através das galáxias de experiências humanas até alcançarmos a constelação da compreensão.

Segunda Lição

Quando olhamos para trás, iluminamos os caminhos já percorridos com a lanterna do aprendizado. As pegadas deixadas na areia do tempo são as lições cristalizadas que se transformam em relatos de advertência e sabedoria, histórias que servem de farol para evitar os escolhos do presente e do futuro.

Olhar, então, para frente é como apontar um telescópio para o horizonte infinito da imaginação. É lá que moram as histórias ainda não contadas, as aventuras que esperam por nossa coragem para serem vividas e narradas. Aqui, inspirado pela minha experiência de viver e trabalhar também em Portugal, digo que a empolgação do que está por vir 'é o vento que enche as velas da nossa criatividade, impulsionando-nos para águas nunca antes navegadas'. Olhar em volta é reconhecer que cada rosto é um livro aberto, cada vida é uma história que merece ser contada. É a gratidão pelo mundo ao nosso redor que nos ensina a valorizar cada elemento da nossa história. As histórias que tecem a tapeçaria da vida são coloridas com os matizes da gratidão, tornando-as mais vibrantes e profundas.

E, finalmente, olhar para dentro é mergulhar no oceano do autoconhecimento, desvendar os mistérios submersos do nosso ser. No silêncio do nosso interior, encontramos os tesouros mais preciosos: as verdades que dão origem às histórias mais autênticas. São essas verdades que ressoam com a força de um gongo, capturando a atenção da audiência e deixando uma marca indelével em suas almas. Ou seja, mergulho em mim: vislumbro — o imagino que o faço — o meu passado, o meu futuro, o meu presente — observando bem o que se encontra neste momento na minha volta — e, para terminar, mergulho mais profundamente para dentro de mim. E deixo fluírem a histórias. Esta fonte de inspiração, como tem os alicerces calcados nas MINHAS verdades, soarão sempre verdadeiras.

As histórias verdadeiras têm um poder singular de emocionar e influenciar porque estão enraizadas na autenticidade da experiência humana. Quando ouvimos ou lemos uma história verdadeira, conectamo-nos instantaneamente com ela porque reconhecemos a sua genuinidade e veracidade. Aqui estão algumas razões pelas quais as histórias verdadeiras têm um impacto tão profundo: Identificação pessoal: As histórias verdadeiras muitas vezes refletem situações, emoções e desafios com os quais podemos nos identificar pessoalmente. Essa conexão instantânea cria um vínculo emocional poderoso entre o narrador e o ouvinte/leitor.

Credibilidade e confiança: As histórias verdadeiras são percebidas como mais autênticas e confiáveis do que as histórias fictícias. Isso ocorre porque sabemos que são baseadas em experiências reais, o que aumenta a credibilidade do narrador e a confiança na mensagem transmitida.

Emoção crua: As histórias verdadeiras muitas vezes capturam emoções genuínas e cruas, sem filtro ou maquiagem. Essa autenticidade emocional ressoa profundamente com os ouvintes/leitores, provocando uma resposta emocional imediata.

Inspiração e motivação: Ao testemunhar as lutas e triunfos reais de outras pessoas, somos inspirados e motivados a enfrentar nossos próprios desafios. As histórias verdadeiras oferecem exemplos tangíveis de superação, coragem e resiliência, que podem nos impulsionar a alcançar nossos objetivos.

Humanidade compartilhada: As histórias verdadeiras transcendem barreiras culturais, sociais e linguísticas, pois exploram temas universais da condição humana. Elas nos lembram de nossa humanidade compartilhada e da capacidade de nos conectarmos uns aos outros através das experiências compartilhadas.

No entanto, no mundo real, se precisarmos — por razões profissionais, como marqueteiros, políticos, líderes religiosos e assim por diante — não vamos necessariamente seguir essas orientações, mergulhar em nós mesmos e permitir que a 'verdade' flua livremente. Nessas situações, lidamos com o que é conhecido como VERDADE RELATIVA. Embora seja um tópico desconfortável para muitos, é o foco desta lição, pois existem mais livros publicados sobre 'como influenciar' pessoas do que estrelas no céu. Portanto, desejo mostrar o que está ocorrendo neste início de século, queiramos ou não. É crucial compreender isso, tanto para aqueles que buscam influenciar (nem todos os indivíduos são éticos e honestos) quanto para aqueles que precisam se defender e agir de maneira diferente. Talvez, de forma mais ética e humana.

Embora eu esteja ciente da diferença fundamental entre verdade relativa e pós-verdade reside na forma como cada conceito lida com a noção de verdade e sua relação com os fatos objetivos, na sequência da lição, usarei apenas o termo Verdade Relativa, tendo em mente que a Verdade Relativa reconhece que a percepção da verdade pode variar de acordo com diferentes perspectivas, contextos e interpretações. Nesse sentido, algo pode ser considerado verdadeiro para uma pessoa ou grupo, mas não necessariamente para outros. A verdade relativa está mais relacionada à subjetividade da interpretação e à diversidade de pontos de vista. Já a Pós-Verdade, por outro lado, refere-se a uma situação em que os fatos objetivos têm menos importância do que as emoções, crenças pessoais e narrativas emocionais na formação da opinião pública e na tomada de decisões. Na era da pós-verdade, a verdade é frequentemente obscurecida ou distorcida por narrativas manipuladas, desinformação deliberada e propaganda. As pessoas tendem a aceitar ou rejeitar informações com base em sua concordância com suas crenças pré-existentes, em vez de sua veracidade objetiva.

Ou seja, não são exatamente sinônimos, pois enquanto a verdade relativa reconhece a variabilidade da verdade com base em diferentes perspectivas, a pós-verdade se refere à manipulação ou desconsideração deliberada dos fatos objetivos em favor de narrativas que apelam às emoções e crenças pessoais. Mas hoje em dia, a narrativa manipulada não só faz parte dos processos de venda, mas também em como ideologias radicais e líderes que abertamente se aproveitam da ignorância e crendice allheia para se promover. A democracia deveria tolerar líderes levianos, toscos, desinformados, demagógicos, burros ou uma mistura disto tudo? Provavelmente, não! Deveria tolerar «hard-selling» (a venda agressiva)? Provavelmente, não! Mas tudo isto é tolerado, da vida pessoal, a profissional e à política, pois nos acostumamos a explorar e sermos exploradas como maneira de viver em sociedade.

Mas vamos mergulhar nessas águas?

A verdade relativa, conceito que destaca a variabilidade da veracidade conforme o contexto, a perspectiva ou as circunstâncias, contrasta com a ideia de verdade absoluta, que é considerada invariável e universal, independente de contextos ou pontos de vista.

Atualmente, a verdade relativa assume relevância em diversas áreas, como ética, epistemologia e até mesmo na ciência, dependendo do cenário em questão. Na ética, defensores do relativismo moral argumentam que o que é considerado certo ou errado pode variar de uma cultura para outra, não existindo uma moral absoluta aplicável universalmente.

Já na epistemologia (em termos mais simples, a epistemologia busca responder questões fundamentais relacionadas ao conhecimento, tais como: o que é o conhecimento? Como podemos adquiri-lo? Até que ponto podemos confiar no que sabemos? Qual é a natureza da verdade?), a verdade relativa pode se referir à ideia de que nosso conhecimento e compreensão da verdade são sempre influenciados pelo contexto cultural, linguístico e histórico, resultando em visões de mundo diversas e até conflitantes.

Na ciência, embora muitas descobertas sejam consideradas universais, a interpretação e aplicação desses conhecimentos podem variar conforme o contexto social, econômico e cultural.

1. **A verdade relativa** na política sugere que diferentes grupos ou indivíduos podem ter versões distintas da verdade, baseadas em suas perspectivas, interesses ou ideologias, o que tem implicações significativas em vários aspectos políticos:
2. **Discursos Políticos:** Políticos e partidos podem apresentar histórias que refletem suas próprias interpretações dos fatos, moldadas por suas agendas e ideologias, gerando uma diversidade de "verdades" políticas.
3. **Polarização:** A verdade relativa pode contribuir para a polarização, pois diferentes grupos sociais e políticos se baseiam em conjuntos distintos de "fatos" ou interpretações da realidade, dificultando o diálogo e o consenso.
4. **Mídia e Informação:** A disseminação de informações na era digital, com a presença de mídias sociais e sites de notícias partidários, amplifica a percepção de verdades relativas, com cada fonte promovendo sua própria versão dos eventos.
5. **Democracia e Deliberação:** A verdade relativa na política desafia o processo democrático, pois a deliberação e o debate eficazes dependem de um consenso básico sobre fatos e realidades, o que pode ser prejudicado por interpretações conflitantes dos mesmos.
6. **Desinformação e Propaganda:** Em alguns casos, a noção de verdade relativa pode ser explorada para justificar a disseminação de desinformação ou propaganda, minando o discurso público informado.

Segunda Lição

Diante dessas considerações, a verdade relativa na política suscita reflexões sobre como as sociedades podem equilibrar a diversidade de perspectivas sem comprometer a busca pela verdade factual, essencial para a tomada de decisões coletivas informadas e justas.

Já a pós-verdade se manifesta principalmente na maneira como diferentes grupos políticos moldam narrativas para se alinharem com suas próprias agendas e interesses, independentemente dos fatos objetivos. Essas narrativas políticas, muitas vezes, são construídas com base em interpretações seletivas dos eventos e são disseminadas por meio de várias plataformas de mídia, incluindo mídias sociais e sites de notícias partidários.

Além disso, a polarização política é exacerbada pela prevalência de "verdades" relativas, onde diferentes grupos sociais e políticos adotam interpretações conflitantes da realidade, dificultando o diálogo e o consenso.

Essa manipulação da verdade relativa na política também pode minar a democracia e a deliberação pública, uma vez que um consenso sobre fatos básicos se torna cada vez mais difícil de ser alcançado, tornando-se assim um terreno fértil para a propagação de desinformação e propaganda.

Portanto, a presença da pós-verdade na política se evidencia na distorção deliberada da verdade relativa para atender a agendas específicas e na manipulação das percepções públicas para influenciar a opinião e o comportamento da audiência, ou seja, dos cidadãos — você e eu, bem como a nossa tia que passa o dia todo nos grupos do WhatsApp!

Mas não é só na política!

1. **Na esfera das vendas**, palestras, ensino e na produção de livros motivacionais e de autoajuda, a pós-verdade pode manifestar-se de diversas formas, influenciando tanto os vendedores e palestrantes quanto o público-alvo. Vejamos como isso ocorre em cada contexto:
2. **Vendas:** Os vendedores podem recorrer à pós-verdade ao exagerar as qualidades de um produto ou serviço, ocultar informações relevantes ou manipular estatísticas para criar uma história que convença os clientes a comprar. A construção de uma imagem idealizada do produto pode levar os consumidores a tomarem decisões com base em informações distorcidas.

3. **Palestras:** Palestrantes podem utilizar técnicas de persuasão baseadas na pós-verdade para cativar o público, enfatizando histórias de sucesso pessoal ou apresentando informações de forma seletiva para sustentar seus argumentos. Essas estratégias podem influenciar a percepção do público sobre determinados temas, mesmo que não reflitam completamente a realidade.

4. **Ensino:** No campo da educação, a pós-verdade pode se manifestar quando os educadores apresentam informações tendenciosas ou simplificadas, ignorando nuances e perspectivas divergentes. Isso pode limitar a compreensão dos alunos sobre determinados assuntos e dificultar o desenvolvimento do pensamento crítico.

5. **Produção de Livros Motivacionais e de Autoajuda:** Autores que escrevem livros motivacionais e de autoajuda podem exagerar conquistas pessoais, apresentar soluções simplistas para problemas complexos ou fazer promessas irreais de transformação pessoal. Essas abordagens, embora possam inspirar temporariamente os leitores, nem sempre são baseadas em fatos concretos ou em princípios psicológicos sólidos.

Em todos esses contextos, a pós-verdade pode ter um impacto significativo na forma como as informações são comunicadas, percebidas e assimiladas. Ela pode levar a decisões precipitadas, falta de discernimento crítico e uma compreensão distorcida da realidade. Portanto, é essencial que os consumidores, espectadores, alunos e leitores cultivem a capacidade de questionar, analisar e verificar as informações que lhes são apresentadas, a fim de evitar serem influenciados por narrativas manipulativas ou enganosas.

Mas voltando às histórias pessoais, digo que essas encapsulam a essência do Storytelling e seu poder de influência ao ilustrar como as histórias pessoais podem moldar nossas percepções, decisões e relações. Por exemplo, na abertura desta lição, no cerne da trama, vemos a luta interna de Jimmy, confrontado com suas próprias convicções, desejos e lealdades. A tensão entre seu compromisso com a causa nacionalista da Escócia e seu amor não confessado por Maria Olinda cria um conflito interno palpável, que se desdobra em uma série de eventos emocionais e decisões que alteram a vida. Ou seja, para criar uma história com o propósito de influenciar alguém a mudar um comportamento, é fundamental construir personagens multidimensionais com os quais o público possa se identificar. Os leitores devem ser capazes de ver um reflexo de suas próprias lutas, medos e esperanças nos personagens, tornando a mensagem da história mais ressonante e persuasiva.

Eis, um exemplo de escrita que pode influenciar a mudança de comportamento. Eu poderia seguir a estrutura desta história, mas com uma resolução que destacasse claramente a transformação desejada. Por exemplo, Jimmy poderia chegar à realização de que suas ações, motivadas por raiva e ciúme, não apenas o afastam das pessoas que ele ama, mas também o desviam de seus verdadeiros objetivos e valores. A história poderia então se concentrar em sua jornada de autoconhecimento e reconciliação, culminando em uma decisão que reflete crescimento e maturidade, como abrir mão de rivalidades passadas e buscar uma vida construída sobre princípios de amor, perdão e propósito compartilhado. Em suma, a história abre o baú das emoções e deixam-nas fluir.

Para efetivar essa influência, após a audiência estar 'emocionada', a história deve:

1. **Estabelecer uma conexão emocional:** Construir personagens e situações que espelhem as lutas internas do público-alvo.

2. **Ilustrar as consequências das ações:** Mostrar de forma clara como certos comportamentos podem levar a resultados negativos, mas também como mudanças positivas podem levar a resultados desejáveis.

3. **Incorporar uma virada transformadora:** Apresentar um momento decisivo que leva o personagem principal a reavaliar suas escolhas e mudar de direção.

4. **Oferecer uma resolução inspiradora:** Concluir com uma nota que inspire o público a refletir sobre suas próprias vidas e considerar mudanças semelhantes.

Ao tecer esses elementos em uma narrativa envolvente à história e à sequência da história, digamos, numa palestra ou num discurso político, momento em que explicamos, revelamos dados, ensinamentos, doutrinas e assim por diante, pode se tornar uma poderosa ferramenta de influência, motivando a nossa audiência a reexaminar e talvez alterar seus próprios comportamentos em busca de um bem maior.

Influência, nada mais é do que a capacidade de afetar ou alterar o comportamento, o desenvolvimento, as decisões ou até mesmo a maneira de pensar de outras pessoas, sem recorrer à força ou à pressão direta. Trata-se de uma habilidade sutil, mas poderosa, que envolve persuasão, inspiração e liderança. Na vida pessoal e empresarial, a influência é fundamental por diversas razões:

Na Vida Pessoal:
1. **Relacionamentos e Comunicação:** A influência ajuda a fortalecer relações ao permitir que comuniquemos nossas necessidades e desejos de forma eficaz, promovendo entendimento e empatia mútuos.
2. **Desenvolvimento Pessoal:** Ao influenciar positivamente a nós mesmos e aos outros, podemos fomentar o crescimento pessoal, superar obstáculos e alcançar objetivos comuns.
3. **Mudança Social:** No âmbito mais amplo, a influência pode ser usada para promover mudanças sociais, inspirando e mobilizando pessoas em torno de causas importantes.

Na Vida Empresarial:
1. **Liderança:** A influência — demostrada por histórias que comovem, convencem sem agredir sensibilidades — é uma ferramenta crucial de liderança, permitindo que líderes inspirem suas equipes, moldem culturas organizacionais positivas e guiem suas empresas em direções estratégicas.
2. **Negociações:** Seja com clientes, fornecedores ou dentro de equipes, a influência é essencial para negociar de forma eficaz, alcançando acordos benéficos para todas as partes envolvidas.
3. **Marketing e Vendas:** No contexto empresarial, a influência é a base para estratégias de marketing e vendas eficazes, pois envolve persuadir clientes potenciais sobre o valor de um produto ou serviço.

Comover e impactar para influenciar

Para criar histórias de impacto que influenciem, considere os seguintes elementos:

1. **Conexão Emocional:** As histórias devem tocar o coração do público, criando uma conexão emocional que transcenda o racional. Isso pode ser alcançado através da identificação com personagens, situações ou desafios apresentados na história.
2. **Clareza de Mensagem:** Uma história influente possui uma mensagem clara e potente que é facilmente compreendida e lembrada pelo público.
3. **Relevância:** A história deve ser relevante para o público-alvo, abordando suas experiências, preocupações e desejos de forma autêntica.
4. **Chamada à Ação:** Histórias influentes muitas vezes incluem uma chamada à ação clara, incentivando o público a tomar uma decisão, mudar um comportamento ou adotar uma nova perspectiva.
5. **Autenticidade:** Histórias genuínas e autênticas tendem a ser mais persuasivas, pois o público pode perceber a sinceridade e a verdade por trás da narrativa.

Ao integrar esses elementos, é possível criar histórias que não só cativem e entretenham, mas que também inspirem e influenciem o público a agir, pensar e sentir de maneiras novas e transformadoras.?

E que diferença há entre histórias que geral felicidade e as que são usadas para influenciar?

Respondo:

As histórias projetadas para gerar felicidade e aquelas criadas para influenciar compartilham muitos elementos em comum, como a capacidade de conectar-se emocionalmente com o público e a habilidade de comunicar mensagens poderosas de forma envolvente. No entanto, existem diferenças significativas em seus objetivos principais e nas técnicas utilizadas para alcançá-los.

Histórias destinadas gerar felicidade:

1. **Objetivo Principal:** O principal objetivo dessas histórias é evocar sentimentos positivos, como alegria, contentamento, gratidão ou inspiração. Elas buscam proporcionar alívio, escapismo ou uma sensação de bem-estar e satisfação no público.
2. **Foco na Experiência:** Essas narrativas muitas vezes enfatizam experiências humanas universais, celebrando momentos de beleza, amor, amizade e conquista, de modo a ressoar com os desejos e aspirações do público.
3. **Estímulo à Reflexão Positiva:** Tendem a encorajar uma reflexão positiva sobre a vida e as relações humanas, promovendo uma visão otimista e esperançosa do mundo.
4. **Elementos Narrativos:** Utilizam personagens acessível e situações que espelham as alegrias e desafios da vida real, mas frequentemente incluem resoluções felizes ou lições edificantes que reforçam a positividade.

Notou a diferença? Valeria a pena ler de novo?
Não?

Histórias destinadas a gerar influência

Vamos, então, ver a estrutura usada para criar histórias para Influenciar. Caberá a você decidir, claro, se as suas histórias terão como base a verdade, a verdade relativa ou a pós-verdade! Ou um misto das duas últimas. Embora, na arte e ciência do Storytelling, a questão da Verdade é complexa e multifacetada. Em primeiro lugar, é importante reconhecer que existem diferentes formas de verdade. Há a verdade factual, que se refere a eventos que realmente ocorreram ou fatos objetivamente verificáveis. Por outro lado, há a verdade subjetiva, que se relaciona às percepções, experiências e interpretações individuais. Mas isto não é assunto para este livro!

Crie uma história cujo objetivo seja influenciar:
Responda:
✓ Por que precisa desta história?
✓ Esta história já reside na sua alma?
✓ Na sua mente?
✓ Se ele der certo em seu uso, o que será transformado ou que portas serão abertas com ela? Afinal, é uma história para influenciar!

1. **Objetivo Principal:** O foco principal dessas histórias é persuadir ou motivar o público a adotar uma nova perspectiva, mudar um comportamento ou tomar uma decisão específica. A intenção é clara e direcionada a uma ação ou mudança de atitude. Considere os cinco elementos usados para comover e impactar para influenciar. Vai usar todos? Alguns?

Objetivo Principal:

2. **Foco na Persuasão:** Essas narrativas são construídas para convencer o público da validade de uma ideia, produto, causa ou comportamento, utilizando argumentos emocionais e lógicos entrelaçados na trama.

Convencer quem, do quê, por quê, onde e quando?

3. **Chamada à Ação:** Frequentemente, incluem uma chamada à ação explícita, incentivando o público a agir com base no que foi apresentado na história.

> Chamada à Ação genuína? Fake? Use a sua! Crie, não copie!

4. **Elementos Narrativos:** Podem empregar técnicas como a apresentação de um problema e sua solução, a jornada do herói — como já amplamente tratados nos livros anteriores desta coleção ou vai ao Google para ver do que falo — com obstáculos a superar ou a demonstração das consequências de determinadas ações, visando moldar a percepção e a resposta do público.

> Seja genuíno! Liste o que aconteceu e como foi. Saliente, enfatize, mas não dramatize. O dramático vai parecer fake, mesmo que seja verdade!

E onde ficam as histórias para gerar felicidade, as da lição anterior?

Pois bem, enquanto as histórias para gerar felicidade buscam enriquecer a experiência emocional do público e promover o bem-estar, as histórias para influenciar visam direcionar o público a um pensamento ou ação específica, utilizando os princípios e as práticas do Storytelling como meio de persuasão. Ambos os tipos de histórias são poderosos em seus respectivos contextos e podem ser usados de forma complementar para comunicar mensagens complexas de maneira eficaz e tocante.

Escreva aqui a sua história!

Observe agora um texto publicitário — copy — cujo intuito era o de vender os serviços deste fotógrafo. Ele, ou quem produziu este texto para ele, usou uma fórmula batida.

Quando eu tinha apenas 12 anos, me vi imerso em uma dor profunda. Naquela tristeza e solidão, encontrei refúgio na arte da fotografia, descobrindo que através das lentes de uma câmera, eu poderia expressar minhas emoções e superar o luto.

Aos 18 anos, abri meu próprio estúdio de fotografia, na cidade de Curitiba/PR, e me aventurei em todos os nichos do mercado.

Mas foi ao me especializar em acompanhar o crescimento de crianças e fotografar ensaios de 15 anos que encontrei meu verdadeiro propósito: gerar experiências únicas e inovadoras através da arte da fotografia.

Meu comprometimento me levou a buscar constantemente novos conhecimentos e formações, inclusive com uma passagem pelo renomado Instituto Disney, onde aprendi sobre experiência, encantamento e atendimento de excelência.

Hoje, aos 30 anos, sou conhecido como o criador da marca "Poder da Foto".

Minha trajetória inspiradora me tornou um artista da fotografia reconhecido, especialista em geração de experiências transformadoras. Além disso, decidi complementar minha visão com a graduação em psicologia.

Minha história é um exemplo de como a arte pode nascer de momentos de dor, florescer com paixão e dedicação, e se tornar uma jornada de sucesso, impactando a vida de outros com a beleza e o poder das imagens que capto.

Como a arte da fotografia impacta na sua vida? Comenta aqui.

Esta estrutura se chama JORNADA DA TRANSFORMAÇÃO ou DA POBREZA À RIQUEZA, é uma tentativa de traduzir do inglês a expressão FROM RAGS TO RICHES. É uma estrutura batida, cliché, que cada vez mais torna-se visível para qualquer audiência/público-alvo minimamente acostumado com uma leitura um pouquinho mais crítica do que se depara nas redes sociais e nos e-mails que ainda recebe, que ainda não vão direto para a o LIXO.

Essas estruturas estão amplamente disponíveis gratuitamente na Internet, discutidas em livros, vendidas como 'matadoras´ por marqueteiros digitais. No caso da copy acima, a "formulinha" foi usada religiosamente, seguindo a doutrina de *'escrever dentro de uma fórmula emocional e inspiradora, projetada para envolver o leitor e despertar nele sentimentos de identificação e aspiração'* (palavras de quem acredita ainda nisto, não minhas!).

Vejamos:

Introdução com Desafio ou Problema: O texto começa com uma um relato pessoal sobre um momento de dor e solidão na vida do autor. **Esse desafio inicial cria empatia e captura a atenção do leitor.**

Jornada de Transformação: O autor descreve como encontrou na fotografia (**produto ou serviço que oferece**) uma forma de superar suas emoções e encontrar seu propósito. Essa jornada de transformação, <u>desde o momento de dor</u> até a <u>descoberta de sua paixão</u> pela arte da fotografia, é contada de maneira que leve o leitor a ter peninha do SOFREDOR (em inglês usamos a palavra UNDERDOG — cãozinho molhado, abandonado, sem dono e olhos lindos).

Revelação do Propósito e Comprometimento: O autor compartilha que abriu seu próprio estúdio de fotografia (começou a oferecer o produto ou serviço) e se especializou em acompanhar o crescimento de crianças e ensaios de 15 anos (ou seja, anuncia indiretamente autoridade numa área). Ele revela seu verdadeiro propósito de gerar experiências únicas (é sempre ÚNICO, para garantir o foco da audiência) através da fotografia.

Demonstração de Autoridade e Credibilidade: O autor <u>menciona sua busca por conhecimento, incluindo uma formação no Instituto Disney, e sua graduação em psicologia</u>, para complementar sua visão na fotografia. Isso adiciona autoridade e credibilidade à sua história.

Apresentação da Marca e Reconhecimento: O autor <u>se posiciona como o criador da marca "Poder da Foto"</u> e <u>destaca seu reconhecimento</u> como um artista reconhecido na fotografia.

Convite à Ação: O texto termina com um convite à ação, convidando os leitores a compartilharem como a arte da fotografia impacta em suas vidas, o que estimula a interação e o engajamento.

Será?

Eu tomaria muito cuidado, pois a mesma estrutura pode ser usada para vender qualquer coisa. Já pensou se antes de eu ler a copy deste fotógrafo eu tivesse lido esta outra copy?

Quando eu tinha apenas 16 anos, me vi imerso em uma dor profunda. Naquela tristeza e solidão, encontrei refúgio na arte das massagens íntimas, descobrindo que através do toque delicado, eu poderia expressar minhas emoções e superar o luto.

Aos 19 anos, abri meu próprio estúdio de massagens, no meu apartamento na cidade de Bagé/RS, e me aventurei em todos os nichos das demandas para aquele tipo de trabalho.

Mas foi ao me especializar em proporcionar momentos de prazer carnal e relaxamento que encontrei meu verdadeiro propósito: gerar experiências únicas e inovadoras através da arte das massagens íntimas.

Meu comprometimento me levou a buscar constantemente novos conhecimentos e formações, inclusive com uma passagem pelo renomado Instituto de Terapias Sensoriais, onde aprendi sobre sensibilidade, conexão, Kama Sutra e atendimento de excelência.

Hoje, aos 30 anos, sou conhecido como o criador da marca "Toque Sensual".

Minha trajetória inspiradora me tornou um terapeuta íntimo reconhecido por elas, eles e casais, especialista em proporcionar experiências transformadoras. Além disso, decidi complementar minha visão com a graduação em Fisiologia do corpo humano.

Minha história é um exemplo de como o prazer pode nascer de momentos de dor, florescer com paixão e dedicação, e se tornar uma jornada de sucesso, impactando a vida de outros com o poder do toque íntimo que os levar a gozos poderosos.

Como as massagens íntimas impactam na sua vida? Comenta aqui.

Essa estrutura de copy de venda era eficaz porque ninguém anunciava o que foi anunciado na segunda cópia. No entanto, essa segunda cópia vem de um anúncio para o site ONLYFANS. Ambas parecem não apenas contar uma história envolvente, mas também mostram como o produto ou serviço oferecido (no caso, os serviços de fotografia do autor ou as massagens íntimas do outro) pode impactar positivamente a vida do cliente. Estou tentando entender como alguém no ONLYFANS poderia oferecer algo nesse universo, já que parece que os serviços teriam de ser entregues online. Mas esse será um assunto para outro livro!

Observe agora a mesma história, mas contada a partir da 'alma' do autor, que teria lido esta lição e feito o exercício:

Era uma tarde de domingo, vento soprando forte e gotas batendo com força na janela. Foi nesse clima melancólico que, aos 12 anos, me vi imerso em um mar de tristeza. Entre os objetos empoeirados no sótão, encontrei uma velha câmera, quase esquecida. Ao clicar, uma centelha de magia se acendeu. A fotografia tornou-se minha tábua de salvação, meu refúgio seguro contra a solidão e a dor.

Aos 18 anos, com a coragem pulsando no peito, decidi abrir meu estúdio em Curitiba. Explorei cada canto do mercado, buscando oportunidades para capturar momentos únicos. Foi durante os ensaios de 15 anos que encontrei meu verdadeiro propósito, imortalizando sorrisos e lágrimas, criando memórias eternas em cada clique.

Minha jornada em busca da excelência não conheceu limites. Busquei inspiração até nos lugares mais inusitados, e foi assim que cheguei ao Instituto Disney. Lá, aprendi os segredos do encantamento, a magia de transformar simples momentos em lembranças inesquecíveis.

Hoje, aos 30 anos, sou conhecido como o criador da marca "Poder da Foto". Me tornei um artista reconhecido, especialista em capturar não apenas imagens, mas emoções. Cada foto que tiro é uma página da minha história, uma prova viva de que a arte pode nascer mesmo nos momentos mais sombrios da vida.

E você, como a fotografia impacta sua vida? Compartilhe conosco suas experiências e memórias, junte-se a nós nessa jornada através das lentes.

Qual das duas versões pareceu mais capaz de influenciar um cliente a comprar o serviço fotográfico? A decisão é sua! Não existe, certamente, uma resposta certa ou errada, pois há argumentos válidos para ambos os lados. No entanto, é importante refletir, pois vale a pena aprender a fazer ou, pelo menos, ter uma visão crítica para poder avaliar se aqueles que estão agindo em seu nome não estão prejudicando o seu negócio em vez de promovê-lo.

Com base em toda essa informação, revise a história que você criou e, se desejar, reescreva. Afinal, existe um ditado na arte do Storytelling/criação de histórias influentes e impactantes: escrever é reescrever — quantas vezes for necessário! O problema surge quando se recorre a uma fórmula pronta e se espera que tudo funcione, como ilustrado pelo uso indiscriminado de fórmulas pré-estabelecidas na produção de textos comerciais — copy.

A genuinidade da sua história não foi aprimorada? Seja verdadeira, relativamente verdadeira ou pós-verdadeira, ou até mesmo uma narrativa infantil ou de ficção científica, evitar fórmulas pode ser a chave para o sucesso. Atualmente, o público está saturado de textos comerciais, de fórmulas pré-fabricadas elaboradas por copywriters ou ChatGPT. É crucial, para alcançar o êxito, que você. Pensar nas histórias como um conjunto de eventos, de processos, nos possibilita apreendê-las, compreendê-las, descrevê-las e utilizá-las melhor. Essa abordagem é a única compatível com a relatividade do mundo. O mundo não consiste em um conjunto de coisas, mas sim em um conjunto de histórias de todos nós.

E então, a história que você criou não apenas influenciou, mas também construiu confiança?

Percepções, crenças e comportamentos

A confiança desempenha um papel fundamental na influência interpessoal, independentemente de ser para o bem ou para o mal. Quando confiamos em alguém, estamos mais inclinados a aceitar suas ideias, seguir seus conselhos e ser influenciados por suas histórias. Por outro lado, quando há uma quebra de confiança, tendemos a resistir à influência e a questionar as histórias que nos são contadas.

Histórias têm o poder de moldar nossas percepções, crenças e comportamentos. Histórias que nos elevam podem inspirar, motivar e criar conexões emocionais profundas. Por outro lado, histórias que nos destroem podem instilar medo, desconfiança e divisão. Portanto, é crucial que estejamos cientes do poder das histórias que nos são contadas e das intenções por trás delas.

A verdade relativa e a pós-verdade são fenômenos complexos que afetam a maneira como percebemos e interpretamos o mundo ao nosso redor. Nosso cérebro é naturalmente inclinado a buscar narrativas coerentes e significativas, muitas vezes aceitando histórias que confirmam nossas crenças e valores existentes. No entanto, é essencial cultivar uma mentalidade crítica e questionadora para nos protegermos da manipulação e do engano.

Para prevenir a influência negativa da verdade relativa e da pós-verdade, ajuda-nos o cultivar habilidades de pensamento crítico, buscar fontes diversas de informação e questionar ativamente as histórias que nos são apresentadas. Com certeza, o grupelho da tiazinha do WhatsApp não conterá boas histórias para você replicar ou nas quais se inspirar para «aquela» apresentação na empresa, «aquela» palestra ou «aquela» conversa cujo propósito é conquistar alguém no encontro que marcou pelo *Tinder* ou *Grindr*. Além disso, é importante desenvolver um senso de autoconsciência para reconhecer preconceitos e tendências cognitivas, permitindo-nos avaliar objetivamente as histórias que nos são contadas. Ao fazer isso, podemos fortalecer nossa capacidade de discernimento e resistir à influência de histórias enganosas ou manipuladoras.

Enfim, a confiança é a espinha dorsal de qualquer relação bem-sucedida, seja ela criada numa situação que exija este ou aquele tipo de «verdade». Para líderes, por exemplo, construir e manter a confiança é fundamental para motivar a equipe, melhorar a comunicação e impulsionar a produtividade. No entanto, no mundo corporativo contemporâneo, por exemplo, onde a desconfiança muitas vezes permeia as relações, é necessário adotar abordagens inovadoras para estabelecer essa confiança. Mas isto vale para todos nós nas relações que estabelecemos todos os dias em todos os lugares. Uma estratégia eficaz é a história estruturada de forma original — como menciono no início deste livro, evite as 'formulinhas'—, que permite comunicar a sua (ou da empresa, a do cliente ou a nossa) visão, valores e propósito de uma forma envolvente, inédita e autêntica. Ao invés de recorrer a padrões batidos, veja como você foi capaz de elaborar uma história por você mesmo no exercício desta lição. Foi simples, rápido e, ouso dizer, fácil. Essas técnicas de estruturação do pensamento não são 'templates', são apenas um alinhamento, que proporcionam uma abordagem fresca e única, permitindo que as histórias contadas se destaquem e ressoem em um nível mais profundo, comovendo e influenciando — convencendo — a audiência a escutar a mensagem com mais simpatia e atenção. Fuja de fórmulas ultrapassadas, criadas por outrem e mergulhe em você mesmo! As respostas e a criatividade residem em todos nós! Sim! É totalmente possível construir-se confiança de forma autêntica e duradoura, enquanto promove-se relacionamentos — pessoais ou empresariais — baseados na transparência, colaboração e excelência.

Conselho: não há problema em utilizarmos histórias fundamentadas em diversas perspectivas de verdade, desde que comuniquemos claramente à audiência. Ao introduzir expressões como "assim poderia ter acontecido", "assim aconteceu na minha imaginação", "assim interpreto os fatos", "assim poderá ser", "e se...", entre outras, podemos empregar uma variedade de histórias sem induzir a audiência ao engano. É importante reconhecer que o uso de artifícios enganosos é comum no campo do marketing, mas não estou aqui para promover essa prática, acreditando ingenuamente que ao adquirir habilidades avançadas e técnicas sofisticadas, você as utilizará exclusivamente para propósitos altruístas. Afinal, o conceito de "bem" é subjetivo e pode variar de pessoa para pessoa.

PAPINHO EXTRA, MAS QUE PODE INTERESSAR

Inicialmente, proponho um exercício adicional. Trata-se de algo simples, porém útil para a compreensão da construção de narrativas, bem como para conferir autenticidade ao que é escrito ou apresentado, como num discurso que ilustra uma palestra.

Certamente, apresentar exemplos de uma história que elaborei pessoalmente para ilustrar esta lição do livro é uma tarefa desafiadora. No entanto, é importante ressaltar que não estou interpretando uma história criada por outro autor. Pelo menos, posso afirmar que essa foi minha intenção ao escrevê-la, o Jimmy e a Maria Olinda são 'reais' na minha cabeça! Além disso, cada pessoa que se deparar com a história deles — ou este recorte — poderá ter a percepção de que atingi 100% dos meus objetivos, ou talvez apenas 50%. É difícil precisar. Porém, o aspecto crucial é demonstrar que é possível alcançar tais objetivos.

Vamos lá!

Na minha opinião, utilizei diferentes técnicas para tornar esta história, também na minha opinião, emocionante e impactante o bastante para ilustrar esta lição:

- ✓ Apresentei personagens complexos, com relacionamentos e motivações ambíguas. Isso gera empatia e interesse do leitor.
- ✓ Usei diálogos reveladores e tensos entre os personagens, demonstrando as emoções por trás das palavras.
- ✓ Descrevi adequadamente — dentro do espaço que me foi dado pelo editor do livro — gestos, expressões faciais e ações físicas que transmitem o estado emocional dos personagens.
- ✓ Empreguei imagens poéticas e metáforas para comunicar sentimentos de forma vívida ("um arremedo de uma barragem", "faíscas que me iluminavam").

- ✓ Contrastei momentos de intimidade e tensão, alternando o ritmo da narrativa.
- ✓ Construiu um clímax dramático com a partida repentina e atormentada do protagonista.
- ✓ Terminei com uma frase de efeito e impactante, resumindo a jornada emocional ("Bem-vindo à selva!").
- ✓ Em resumo, (acho que) eu soube equilibrar descrições, diálogos, metáforas, ritmo e estrutura narrativa para envolver o leitor nesta história intensa e comovente.

Como nesta lição sobre Storytelling e Influência eu queria chamar a atenção para temas que incluem o amor, a busca por identidade e pertencimento, a luta pelo idealismo político e a tomada de decisões importantes na vida, na história explorei a complexidade das relações humanas, as emoções conflitantes e os desafios pessoais enfrentados pelo protagonista em seu caminho em busca de autenticidade e realização pessoal. Além disso, questões como lealdade, traição e superação também estão presentes ao longo da história, proporcionando uma reflexão profunda sobre a natureza humana e as escolhas que moldam nosso destino.

Já usei esta passagem da vida do Jimmy e da Maria Olinda em uma palestra com o propósito 'influenciar e convencer' a audiência a me ouvir com atenção. Pois quem não gosta deste tipo de história? Quase um momento de fofoca! Uma história simples como esta, que nada tem a ver com truques de copywriting (criação de textos publicitários ou historinhas frouxas e rasas), mas é minimamente (ou muito) envolvente, aliada à conexão emocional estabelecida com os espectadores, permitiu-me que a mensagem principal — que o amor, a busca por identidade, pertencimento, a luta pelo idealismo político e a tomada de decisões são importantes na vida, fosse transmitida de forma impactante e memorável. Após a palestra, o público lembrava do meu exemplo e queria saber se o Jimmy seria eu! A habilidade em relacionar os elementos da história com os temas abordados na palestra, sem dúvida, contribuiu para criar uma atmosfera de interesse e engajamento por parte do público. Além disso, o apelo à ação ao finalizar a apresentação estimulou os ouvintes a refletirem sobre os ensinamentos compartilhados e a aplicarem esses aprendizados em suas próprias vidas. Já o sucesso em influenciar e convencer a audiência a ouvir foi evidenciado pelo interesse demonstrado pelos espectadores, que escuram em silêncio, e pelo impacto duradouro das mensagens transmitidas — até hoje há quem desconfie que o Jimmy é o James.

Como construí, portanto, essa realidade alternativa na qual Jimmy e Maria Olinda vieram residir para me auxiliar na ilustração de um ponto em uma palestra?

Primeiramente, digo como fiz, logo depois, reservo espaço para que você também possa desenvolver sua própria história. Lembre-se de que o Storytelling, acima de tudo, é uma arte; permita que seu coração e mente fluam livremente.

Introdução:

Apresentei o personagem principal, o contexto e o conflito inicial em poucas frases. Como você apresentaria os seus?

Desenvolvimento:

Descrevi uma cena mostrando o relacionamento do personagem principal com Maria Olinda. Como faria você?

Narrei o encontro tenso entre o personagem principal e Rob, explorando a raiva e os ciúmes do personagem principal. Como faria você?

Retratei a reação emocional do personagem principal (choro, pensamentos conturbados sobre Maria Olinda). Como faria você?

Inclui diálogos reveladores entre os personagens, explorando as emoções por trás das falas. Como faria você?

Descrevi as ações físicas dos personagens (gestos, expressões faciais) que transmitam sentimentos. Como faria você?

Usei imagens e metáforas para transmitir estados emocionais. Como faria você?

Clímax:
Escrevi sobre a partida repentina e dramática do personagem principal. Como faria você?

Conclusão:

Finalizei com uma frase de efeito, resumindo a jornada emocional. Como faria você?

Revelando o segredo!

Aqui estão algumas notas que elaborei ao esboçar um plano para o desenvolvimento desta história. Cada indivíduo possui sua própria abordagem de planejamento, e este é apenas o meu. Nele, incluo passagens que imaginava ouvir, sentir ou visualizar na ambientação da trama, quase como se estivesse esboçando o roteiro de um filme. A essência é estabelecer um plano pessoal, de modo a evitar a armadilha de adotar estruturas predefinidas sob a promessa de sucesso garantido.

As minha notas:

Personagens complexos:

"Enamorei-me com o Siol nan Gaidheal, o Semente dos Gaels, um grupo étnico-nacionalista protofascista, porque eu sonhava querer a independência da Escócia."

Diálogos reveladores:

"Gosto desses dias frios e cinzentos de inverno, Mary Linn. Dias como esses me permitem saborear o meu mau humor.

"Tal como a cor da primavera está nas flores, Jimmy; a cor do inverno está na imaginação."

Gestos e expressões:

"Rob cerrou os dedos.

Maria Olinda pulou entre mim e ele, o punho fechado do Rob já batendo no ombro dela."

Imagens poéticas:

"Lágrimas continuaram a chover pelas minhas bochechas. Eu queria colocar as minhas mãos nas dela, alisar-lhe as costas, o peito, levá-la eu até ao quarto, onde os cheiros dela e do Rob ainda devem estar preservados, encaixotados e guardados para me atormentarem para sempre."

Ritmo e clímax:

"Uma hora depois, temporariamente eu era dono de mim mesmo, ainda caminhava para casa, atravessando o parque, encharcando os sapatos que pretendia usar para a viagem, emporcalhando de lama a minha roupa toda, as poucas que possuía e que teria de estar na mala."

Frase final de efeito:

" Jimmy, meu querido – murmurei–, bem-vindo à selva!"

E você? Como pretende elaborar uma história capaz de cativar a sua audiência, levando-a a desejar ouvir a sua mensagem, adquirir o produto que você oferece ou ponderar sobre a possibilidade de modificar o comportamento?

E encerro com uma reflexão: Que diferença há entre o que é verdade é o que é verdadeiro?

A diferença entre "o que é verdade" e "o que é verdadeiro" pode parecer sutil, mas é importante em vários contextos, como na filosofia, na lógica e no uso cotidiano da linguagem.

O que é verdade: Geralmente se refere a uma correspondência objetiva com os fatos ou a realidade. Uma afirmação é considerada verdadeira se reflete corretamente o que é o caso no mundo real, independente das percepções, crenças ou opiniões das pessoas. Por exemplo, a afirmação "a Terra gira em torno do Sol" é verdadeira porque corresponde à realidade astronômica.

O que é verdadeiro: Este termo pode ser usado de forma similar a "o que é verdade", referindo-se à correspondência com a realidade ou os fatos. No entanto, em alguns contextos, "verdadeiro" pode ter uma conotação mais subjetiva ou pessoal, relacionada à autenticidade, sinceridade ou fidelidade a princípios ou crenças. Por exemplo, alguém pode dizer "ele é verdadeiro às suas crenças", indicando que a pessoa age de forma consistente com o que acredita, independentemente de essas crenças serem objetivamente verdadeiras ou não.

Assim, enquanto "verdade" é frequentemente utilizada para descrever uma correspondência objetiva e factual com a realidade, "verdadeiro" pode ser usado de maneira mais ampla, incluindo sentidos que envolvem autenticidade ou fidelidade a valores pessoais ou ideais.

E cuidado quando se deparar com essas frases!

Corra delas como o Diabo correria da cruz! Pois em tempos de excesso de informação e promessas mirabolantes, é preciso ter cuidado e analisar de forma crítica algumas frases que temos ouvido por aí. No universo do marketing digital, por exemplo, certos profissionais acabam propagando ideias ilusórias ou enganosas em busca de vendas, alunos ou seguidores. Frases que prometem soluções mágicas, resultados milagrosos sem esforço ou fórmulas infalíveis para o sucesso merecem nossa atenção redobrada. A seguir, veja 20 exemplos comuns no mundo dos marqueteiros que precisam ser examinados com mais cuidado para não cairmos em ciladas. É importante manter o senso crítico antes de acreditar cegamente em qualquer promessa. Você vai ficar espantado? Tem de ficar, pois esses são apenas a ponta do proverbial iceberg!

1. "Desenvolva habilidades de persuasão com meu método infalível de influência."
2. "Alcance o sucesso pessoal seguindo meus ensinamentos."
3. "Siga-me nas redes sociais e impulsione sua carreira."
4. "Descubra técnicas poderosas no próximo treinamento secreto."
5. "Alcance prosperidade com pouco esforço semanal."
6. "Matricule-se em meu curso e valorize seus serviços profissionais."
7. "Aumente seu apelo e atração em um curto período de tempo."
8. "Nossas ferramentas são baseadas em evidências científicas."
9. "Alcance seus objetivos de forma rápida e eficaz."

10. "A mudança é mais acessível do que parece."
11. "Aprimore sua capacidade de persuasão com métodos comprovados."
12. "Explore estratégias para otimizar sua trajetória profissional."
13. "Descubra segredos para alcançar seus objetivos de vida."
14. "Nossas abordagens são fundamentadas em estudos e pesquisas."
15. "Obtenha resultados expressivos com esforço concentrado."
16. "Melhore sua imagem e reputação com nossas técnicas especializadas."
17. "Conquiste o sucesso profissional com nossas orientações práticas."
18. "Desenvolva habilidades essenciais para se destacar no mercado."
19. "Transforme sua vida pessoal e profissional com nosso apoio especializado."
20. "Desbloqueie seu potencial máximo com estratégias testadas e comprovadas."

Digo isto com todo o carinho, não sou contra 'vender', afinal, os meus serviços são comprados no mundo tudo porque os vendo. Mas considero fundamental ter discernimento ao analisar técnicas e estratégias de influência, persuasão ou engajamento, seja no marketing digital ou em qualquer outra área. O Storytelling, quando bem aplicado, pode trazer benefícios, inspiração e sentido de propósito. Porém, deve-se ter cuidado com profissionais antiéticos que lançam mão de falsas promessas ou jogos de ilusão. Mais do que tudo, é essencial desenvolver o senso crítico e capacidade de julgamento próprio. Assim, aproveita-se o melhor o que as técnicas como propostas pela arte e ciência do Storytelling têm a oferecer, sem cair em ciladas ou ser manipulados por falácias. Com maturidade e sabedoria, encontra-se o equilíbrio entre influenciar e ser influenciado de maneira positiva. Essa habilidade de criar e contar (utilizar) histórias eficazes, fundamentais para comunicar ideias, vender produtos ou serviços e promover mudanças, traz consigo aspectos essenciais para alcançar o elusivo sucesso em diversos contextos pessoais e profissionais.

Mas, de sucesso, não falarei agora. Será o assunto da próxima lição!

Reflita sobre essas questões antes de iniciar a terceira lição

- O que significa sucesso para mim?
- Quais são os indicadores que utilizo para medir o meu sucesso?
- De que maneira meus valores pessoais se alinham com minhas definições de sucesso?
- Quem considero um modelo de sucesso e por quê?
- Que obstáculos tive de superar para alcançar o sucesso até agora?
- Como posso adaptar minha estratégia para alcançar sucesso a longo prazo?
- Qual é o impacto do sucesso na minha felicidade e satisfação pessoal?
- Como posso equilibrar o sucesso profissional com a qualidade de vida?
- De que maneira posso ajudar outros a alcançar o seu próprio sucesso?
- Como o medo do fracasso influencia minhas ações rumo ao sucesso?
- Que aprendizados posso extrair das minhas experiências de sucesso e fracasso?
- De que forma a minha definição de sucesso evoluiu ao longo do tempo?
- Como posso manter a motivação e o foco nos meus objetivos de sucesso?
- Que ações concretas posso tomar hoje para me aproximar do sucesso que desejo?

Lição 3

"Seduza a minha mente e terá o meu corpo, encontre a minha alma e serei seu para sempre."

Anônima

Terceira Lição

— Âncara ou Ancara?

— Ancara, James. E me disseram que no escritório de lá já tem fax.

— Fax! A Turquia está moderna, eh? E deve estar mais quentinha também — completei.

— O briefing para a sua reunião irá por fax, pretendemos ver uma coia ou duas antes de terminarmos uma nova contratação. Quando chegar você saberá dos novos planos.

Novos planos e novos planos. A primeira coisa que ouvi quando retornei do Brasil e comecei a trabalhar na editora foi sobre os novos planos. Sete anos haviam se passado, desde aquele inverno de 1989 no sul da Escócia, num fenômeno que parecia se repetir nos últimos três anos, as nevascas não davam trégua, tal como os 'novos planos' que pareciam maquinar todas as semanas. Como sempre, ausentava-me sem ao menos perguntar do que se tratava, não porque iriam me enviar o briefing por fax, mas por pura falta de interesse mesmo.

Recolhi a mala no escritório e, instantes depois, esquivando-me por pilhas de livros acomodados contra as paredes do corredor, já estava protegendo-me do frio na imensa porta giratória do prédio. Quando nevava, claro, era sempre a mesma lengalenga: o escocês reclamando do resfriado, de não poder estender o dia no pub por falta de transporte público ou táxi para voltar para casa, e ter de ficar em casa, se a Escócia parasse, caso a nevasca piorasse e o confinamento permanecesse no dia seguinte. Pub significava liberdade; lar, prisão. Era como se o escocês residisse em masmorras, empapadas, frias, escuras, e que a comparação do país com a Alemanha, onde 'eles estão preparados para a neve' fosse realmente verdade. Felizmente, em Ancara neve não seria um problema. Ou seria?

Chegou o táxi.

Terminei de girar a porta e disparei para a rua.

Pernoite numa Paris mais gelada que Glasgow e já adentrava os escritórios de Ancara no fim da tarde, onde esperavam por mim para uma rápida reunião e levarem-me para o hotel onde eu ficaria pelos próximos dez dias.

— Fax para mim, da Escócia? — inquiri à secretária, antes de entrar na sala.

— Não ainda. Mas a sua colega o espera desde logo após o almoço.

— Colega? Eu sou o James, que veio da Escócia para...

— Exatamente. É pelo senhor que ela espera.

— Jimmy... James... — ouvi a voz por trás de mim.

A secretária sorriu e levou a mão ao ar.

— Esta é a colega que o espera. Se o senhor...

A secretária não precisou completar a frase. Virei-me num salto.

À minha frente, como que do nada, onze anos depois, deparava-me com a Maria Olinda, mulher do Rob, que residiam no Sul da França desde a época em que eu estudava no Brasil.

— O Brasil fez-te bem.

— A França é que fez bem para você.

Ela estava ainda mais bonita do que nos tempos da nossa juventude em Glasgow. Tinha agora uma maneira mais antiquada de se vestir. Mais feminina. Parecia-se com as ricaças e celebridades da Vogue, aquele tipo de gente que jurávamos, quando mais jovens, em que jamais nos transformaríamos.

Nesses anos todos, não passava um dia sequer que eu não pensasse nela, só que no meu pensamento ela se mostrava num vestido de bolinhas brancas de cintura baixa e um enorme chapéu de palha com uma faixa branca também de bolinhas. Na verdade, ali, vestia aquele terninho bege e blusa escura. Os seus cabelos agora eram loiros avermelhados, longos, sem dúvida, completamente pintados, emoldurando o seu rosto como a auréola em uma pintura religiosa medieval. A boca estava meio fina e os seus olhos mais pequenos. Eu imaginei que a traía, que a deixava em casa com os nossos filhos e levava a secretária turca para um hotel barato.

— Só ficas a me espreitar de cima abaixo e não me dizes nada? — repreendeu-me ela do mesmo jeito que sempre me repreendia no nosso tempo de escola.

— Estou cansado da viagem.

— Vem comigo — disse, conduzindo-me pelo braço para dentro da sala de reuniões.

Já lá dentro, agradeceu à secretária e pediu dois cafés.

Antes de me sentar fui perguntando.

— Colegas? Não nos vemos há onze anos...

— E um mês — completou ela.

— E um mês, certo. Mas quando parti éramos amigos, agora somos colegas. Mas imaginei que pelas nossas cartas... Eu sei que na época o meu comportamento...

— Verdade. Senta-te, temos de conversar.

Enquanto subia no elevador, pouco depois, já com o fax da Escócia na mão, e a Maria Olinda agarrada ao meu braço, ria-me da surpresa. Ela e eu agora trabalhávamos na mesma editora. Na reunião marcada para o final do dia seguinte em Istambul apresentaríamos um projeto conjunto para Espanha e países da Ásia. No jantar daquela noite, celebraríamos o novo emprego dela e, entre um chá e outro, ela me contaria mais do casamento que acabou, sobre o divórcio conturbado com o Rob, sobre o trabalho na França. Ela se dizia feliz por o local da reunião ter sido transferido para Istambul e me convidou para jantar num barco, em um mini cruzeiro de quatro horas. Ela adorava jantar no mar, dizia. Eu não saberia. Quando morávamos em Glasgow jantávamos em casa ou comíamos um hambúrguer no carrinho do street-food na calçada antes do cinema. Parecia romântico jantar sobre as águas, acrescentava ela, e ria, mesmo quando o objetivo era estritamente comercial, acrescentava, ou a editora não pagaria.

— Vamos eu, você e quem mais, Mary Linn?

— Vamos eu e tu, tu e eu. Ou não nos bastamos?

STORYTELLING E SUCESSO

A noção de sucesso evoluiu significativamente ao longo da história, adaptando-se às mudanças culturais e sociais de cada época. Na Roma

Antiga, o sucesso era medido por conquistas políticas e militares, com figuras como Júlio César exemplificando o ideal de triunfo através de suas vitórias e ascensão ao poder. Durante a Idade Média, a ênfase recaía sobre a posição social e a devoção religiosa, com Santo Agostinho representando sucesso por suas contribuições teológicas e filosóficas.

O Renascimento e o Iluminismo redirecionaram a ideia de sucesso para a esfera do conhecimento, da criatividade e do avanço científico, tendo Leonardo da Vinci como um ícone de sucesso devido às suas multifacetadas contribuições artísticas e inovações. Na era do capitalismo e da Revolução Industrial, o sucesso passou a estar intrinsecamente ligado à riqueza, ao empreendedorismo e ao progresso econômico, com John D. Rockefeller simbolizando o sucesso empresarial e financeiro.

Nos tempos contemporâneos, marcados pela era digital e pela valorização da autoexpressão, o sucesso é visto através da realização pessoal, autenticidade e impacto social. Malala Yousafzai, com seu ativismo pela educação das meninas e pela justiça social, exemplifica o sucesso contemporâneo que transcende o individual e toca na transformação coletiva.

Essa trajetória mostra como a definição de sucesso reflete as prioridades e os valores de cada período histórico, indicando que, embora as formas de alcançá-lo variem, o desejo por realização, reconhecimento e influência permanece constante.

Em um mundo que parece girar em torno de notícias negativas, é fácil questionar se ainda vale a pena sonhar com sucesso. Será que tudo está realmente perdido? Pessoalmente, acho que ainda estamos ganhando esse jogo da existência humana sobre a terra. A verdade é que, apesar dos desafios, há muitas histórias de progresso e conquistas que merecem ser celebradas. O segredo que me leva a enxergar essa luz no fim do túnel? O Storytelling, ou a arte de contar histórias.

Nós, seres humanos, somos programados para prestar mais atenção às ameaças do que aos progressos, uma herança dos nossos ancestrais que precisavam estar sempre alertas para sobreviver. Mas essa tendência também pode nos deixar cegos para as belezas e avanços ao nosso redor. E é aqui que entra a magia das histórias. Elas têm o poder de transformar números e dados frios em relatos emocionantes, mostrando-nos o lado luminoso da humanidade.

Pense na forma como a tecnologia mudou o mundo para melhor, como no combate à pobreza e na melhoria da saúde infantil. Histórias de pessoas reais, cujas vidas foram transformadas por vacinas ou pelo acesso à informação através de smartphones, têm o poder de tocar nossos corações de uma maneira que simples estatísticas não conseguem.

Agora, mais do que nunca, contar histórias é uma ferramenta poderosa. Em uma era dominada pelas redes sociais, uma história bem contada pode viajar pelo mundo em segundos, alcançando corações e mentes em lugares que nem imaginamos. Então, por que não usarmos essa ferramenta incrível para espalhar positividade e esperança? As histórias que escolhemos contar — sejam de superação, de inovação ou de simples momentos de bondade — podem não apenas iluminar nosso presente, mas também pavimentar o caminho para um futuro mais brilhante. Posso ser ingênuo ou louco, mas decido sempre abraçar o poder das histórias para inspirar, para transformar e, acima de tudo, para lembrar a todos que, sim, ainda há muitas razões para acreditar no sucesso e no progresso.

O sucesso é uma jornada

Continuando de onde parei na lição anterior, quero retomar o episódio da história que escolhi para ilustrar esta lição sobre Storytelling e sucesso. Sempre na minha opinião, é claro, criei uma historinha que encoraja a crença no sucesso ao exibir que a mudança, o amadurecimento e a felicidade são alcançáveis, mesmo quando menos esperados. Relembra-nos de que o sucesso é uma jornada múltipla e variada, enriquecida por vínculos significativos, superação de obstáculos e a constante busca pela renovação. Eu quis mostrar que a interação entre os personagens, a trama, captura a essência do sucesso por meio de uma história que combina reencontros, progresso profissional e superação de adversidades pessoais. Ela inspira a crença no sucesso, pois demonstra que, independentemente dos obstáculos enfrentados — como um rigoroso inverno na Escócia, a distância entre países ou desafios emocionais — é possível encontrar caminhos inovadores e avançar na vida e na carreira. Será que você sentiu o mesmo? Tomara que sim.

Entre linhas de sucesso: escolhas definem nossa jornada

Agora, apresento a você a primeira questão: entre os textos que abrem esta lição, qual exerceu um maior fascínio sobre você, conduzindo-o a perceber a noção de sucesso? Refiro-me ao relato envolvendo Jimmy/James e Maria Olinda ou ao ensaio que inaugurou esta nossa conversa. Importa salientar que não existe uma resposta errada ou correta. Solicito, porém, que registre a sua preferência e fundamente a sua escolha no quadro a seguir. É admissível optar por ambos os textos, desde que a sua argumentação seja persuasiva ao afirmar que um texto complementa o outro, enriquecendo a experiência.

Prossiga, então, com a sua análise.

Não precisa concordar, mas agora vai ler a minha análise, fundamentando a minha escolha, que recai sobre o episódio de Jimmy/James e Maria Olinda. Este episódio, pela sua natureza narrativa e pelos elementos de desenvolvimento de personagens e enredo, consegue, de forma singular — espero —, capturar e transmitir a essência do 'sucesso' — ou talvez eu devesse grafar com letra maiúscula: 'Sucesso'. A evolução pessoal e profissional, das personagens, emoldurada pelas circunstâncias específicas de reencontros e novas oportunidades. A capacidade do texto de entrelaçar as dimensões emocional e profissional do sucesso — e o uso do reencontro das personagens, como metáfora para renovação e avanço, confere um poder de sedução ainda maior. Não somente somos apresentados a uma abordagem multifacetada do sucesso — profissional, pessoal, a superação de adversidades e a valorização de relacionamentos mais humanos — mas as riquezas de detalhes e a construção do enredo de maneira tão cuidadosa, produzem uma experiência de leitura entorpecente e inspiradora. Não que o texto anterior não ofereça uma profunda introspecção sobre o papel das histórias na forma como reconhecemos e celebramos o nosso progresso humano. Contudo, é a história de Jimmy/James e a Maria Olinda que, para mim, personifica, com muito mais vivacidade, como o sucesso pode ser sentido e almejado. Por que, a história consegue não apenas ilustrar o sucesso através da trajetória das personagens, mas agarrar o leitor emocionalmente, permitindo uma conexão muito mais próxima com o conceito apresentado, para emprestar uma perspectiva ainda mais rica e convidativa sobre o assunto.

Construção de histórias que ressoam com a ideia de sucesso

Se você se vê alinhado com minha perspectiva, siga adiante na leitura para explorarmos juntos as técnicas de construção de uma história que ressoa com a ideia de sucesso. Caso contrário, sinta-se à vontade para avançar até a parte onde discuto o processo criativo por trás do ensaio que deu início a nossa conversa.

Vamos refletir um pouquinho sobre o que seria 'sucesso'?

O sucesso é um conceito que se transforma ao longo da história, adaptando-se às mudanças culturais e sociais de cada época. Um breve passeio pelas diferentes visões históricas sobre o sucesso no início desta lição revela como ele é interpretado de maneiras variadas, refletindo os valores e aspirações humanas de cada período.

Hoje, contudo, as percepções sobre o sucesso são diversas, variando entre a fama e a realização pessoal até a contribuição para o bem comum, mostrando uma busca por um sentido de vida que vai além das conquistas materiais.

A história do sucesso, portanto, é um reflexo da nossa busca contínua por um propósito, por reconhecimento e por um legado. As histórias que contamos sobre nossas vidas e aspirações são expressões dessa jornada em busca de um lugar no mundo e de uma existência significativa.

Ao usar a Terapia Cognitivo-Comportamental como inspiração para pensarmos e estruturar histórias, vemos que contar histórias de sucesso não é apenas criar histórias transfromadoras e de impacto, mas refletir sobre nossas próprias experiências e o que valorizamos. Desenvolver habilidades para escrever histórias que ressoem com autoridade, prestígio e sucesso é, em essência, um processo de autoconhecimento e de diálogo com nossas próprias aspirações e desafios. O sucesso, assim, transcende a ideia de conquistas externas, convidando-nos a uma introspecção sobre nossos valores e como eles se manifestam nas histórias que escolhemos contar.

VAMOS A ISTO?
Parte 1: Identificação de Crenças e Pensamentos Limitantes

1. Reflexão Inicial:

Escreva sobre suas crenças atuais a respeito de sua capacidade de escrever histórias que tragam autoridade, prestígio, sucesso e reconhecimento. Identifique quaisquer pensamentos que possam estar limitando seu potencial criativo.

2. Análise da Narrativa:

Releia o texto fornecido e identifique os elementos que contribuem para a construção de autoridade e interesse na história. Reflita sobre como o cenário, os personagens e a trama se entrelaçam para criar uma história envolvente.

TERCEIRA LIÇÃO

Parte 2: Reestruturação Cognitiva através da Escrita Criativa

1. Desenvolvimento de Personagens:

Crie um personagem inspirado em si mesmo, mas com a habilidade inata de elaborar, escrever, contar histórias que conquistam o mundo. Descreva os desafios que esse personagem enfrenta e como supera seus pensamentos limitantes: crenças negativas que restringem o potencial e o crescimento pessoal, originadas de experiências passadas, educação e influências culturais. Atuam como barreiras invisíveis, impedindo o alcance de objetivos e a exploração do próprio potencial, com impacto na autoestima e na capacidade de enfrentar desafios. Superá-los requer reconhecimento, questionamento e substituição por crenças positivas, processo facilitado por terapias, coaching e autorreflexão.

2. Construção de Cenário:

Utilizando o texto inicial desta lição como inspiração — ou outro, se o desejar —, desenvolva um cenário único que simbolize um ambiente de sucesso e reconhecimento. Pode ser um evento literário importante, uma apresentação de um projeto na empresa, uma palestra que você for dar, uma campanha de divulgação do seu produto etc., um encontro de mentes criativas que precisam resolver uma questão numa sessão de *brainstorming*, ou um local que represente o que você pretende alcançar com o impacto da sua história.

3. Elaboração da Trama:

Escreva uma breve história incorporando o personagem e o cenário que você criou. A trama deve explorar o tema do desenvolvimento pessoal e profissional, superação de adversidades e alcançar um estado de reconhecimento e sucesso na área, situação, que você precisa mostrar coma sua história.

Parte 3: Reflexão e Aplicação

1. Reflexão Sobre a Jornada:

Após concluir as anotações acima, reflita sobre o processo criativo. Que descobertas você fez sobre si mesmo e suas capacidades como autor? Como essas descobertas podem influenciar sua escrita futura, a sua criação de histórias espontâneas que deixem brilhar o que você tem de melhor?

2. Plano de Ação:

Baseado nas reflexões e aprendizados obtidos, elabore um plano de ação para incorporar esses insights em sua prática de escrita regular. Defina objetivos específicos para desenvolver esta história que reflitam autoridade, sucesso e reconhecimento e que tenham um poder transformacional. Gosto sempre de relembrar que o poder transformacional das histórias reside na capacidade de você por meio de histórias impactantes e significativas conectar-se emocionalmente com as pessoas, influenciar as suas percepções, atitudes e comportamentos, e promover a compreensão e a empatia. As histórias têm a habilidade de transportar o ouvinte, a audiência, o cliente ou o leitor para diferentes realidades, permitindo-lhes vivenciar situações e perspectivas diversas através dos olhos de outros. Isso pode abrir mentes para novas ideias, desafiar preconceitos existentes e incentivar a mudança de atitudes.

Este exercício foi concebido para incentivá-lo a mergulhar profundamente em si mesmo, transpondo obstáculos internos por meio da escrita, imaginação e elaboração de planos narrativos. Essas práticas se apresentam como valiosas ferramentas para a sua jornada de autodescoberta e avanço pessoal e profissional. Agora, convido-o a refletir profundamente e a dar forma a uma história que emane essencialmente de seu ser. Abandone as concepções preestabelecidas sobre como uma história 'deve' ser contada. Prepare-se, em vez disso, para narrar um relato que flua de sua alma com a intensidade de uma confissão feita a um amigo íntimo, capaz de surpreendê-lo e potencialmente transformá-lo de maneira indelével.

> Encorajo-o a mentalizar como se estivesse de fato segurando a mão de um amigo, pronto para revelar algo que o deixará atônito e, quem sabe, o transformará para sempre. Deixe fluir! **Escreva.**

O Poder e os perigos

Profissionais de marketing enfatizam o Storytelling como estratégia essencial para destacar marcas, produtos e serviços, buscando criar uma conexão emocional com o público. Essa técnica, mais do que simplesmente contar histórias, envolve uma análise cuidadosa do que ressoa com o consumidor, visando fortalecer a relação entre a marca e seu público. Entendo que discutir essa prática — usar de fórmulas já pré-estabelecidas — pode ser desconfortável para alguns colegas, mas, guiado pela experiência, vejo a importância de reconhecer tanto o potencial quanto os riscos associados ao uso indiscriminado de fórmulas e templates. Erros na aplicação dessa estratégia podem não apenas falhar em engajar o público, mas também prejudicar a imagem da marca, acabar com um sonho ou expor uma profissional ao ridículo. Portanto, é crucial entender profundamente a arte e ciência do Storytelling, assegurando que ele seja usado para construir uma imagem positiva e autêntica, evitando armadilhas que possam levar a resultados negativos.

Leia e reflita e evite um desastre:

1. **A Jornada do Herói:** Esta estrutura clássica envolve apresentar o protagonista (que pode ser o produto, a marca ou um cliente), enfrentando um desafio, encontrando uma solução (geralmente o produto/ serviço oferecido) e, finalmente, alcançando um novo estado de sucesso ou satisfação. Esta história cria uma conexão emocional com o público, pois eles veem como o produto ou serviço pode ajudá-los em suas próprias jornadas.

POIS É..., MAS...

Os marqueteiros frequentemente enfatizam a importância de contar histórias (Storytelling) como uma estratégia para gerar uma percepção de sucesso de uma marca ou produto. Eles recomendam diversas estruturas narrativas, como a jornada do herói, que envolve um protagonista (que pode ser o produto ou o consumidor) enfrentando e superando desafios para alcançar um objetivo desejável, ou a estrutura problema-solução, que apresenta um problema específico seguido pela solução que o produto ou serviço oferece. Essas histórias são projetadas para criar conexão emocional, destacar benefícios e diferenciar a marca no mercado.

Porém, mais da metade das vezes, essas estratégias podem não funcionar tão bem quanto esperado. Isso pode acontecer por várias razões:

- **Autenticidade Falha:** O público de hoje é altamente perspicaz e pode detectar quando uma história parece fabricada ou inautêntica. Histórias que não refletem os valores reais da marca ou que parecem demasiado comerciais podem ser rejeitadas pelos consumidores.
- **Saturação de Mercado:** Com tantas marcas adotando estratégias semelhantes de Storytelling, o mercado pode ficar saturado, tornando mais difícil para qualquer história se destacar ou ser memorável.
- **Desalinhamento com o Público-Alvo:** Se a história não ressoar com os valores, desejos ou necessidades do público-alvo, ela falhará em criar uma conexão emocional, tornando a campanha menos eficaz.
- **Execução Pobre:** Uma boa história necessita de uma execução igualmente boa. Falhas na produção, narrativa confusa ou mensagens mistas podem prejudicar a eficácia da história.
- **Expectativas Irrealistas:** Às vezes, as histórias são vistas como uma solução milagrosa para problemas de marketing, o que pode levar a expectativas irrealistas sobre os resultados que podem gerar.

A chave para o sucesso reside na autenticidade, no alinhamento com os valores do público-alvo, e em uma execução cuidadosa e de alta qualidade. Você pode estar pensando: Ah! Isto é a opinião do James McSill. Verdade. Mas opinião vendida, pois você comprou este livro, vale a pena ser escutada.

2. Problema-Solução: Uma estratégia simples, mas eficaz, que começa por destacar um problema comum ou uma necessidade do público-alvo, seguido pela apresentação do produto ou serviço como a solução ideal. Isso não apenas destaca a utilidade do produto, mas também estabelece a marca como empática e atenta às necessidades dos clientes.

POIS É..., MAS...

Quando a estratégia de Storytelling, especialmente a estrutura problema-solução, "não cola" ou, em casos mais graves, destrói a reputação de uma marca, serviço ou pessoa, isso geralmente se deve a uma série de fatores críticos que falham no processo de comunicação e percepção. Usando, trabalhando com que usa e vendo como isto foi usado nos últimos anos, convido você a explorar comigo por que isso pode ser um tiro no pé, ou na testa:

- **Promessas Não Cumpridas:** Se a solução proposta não atender às expectativas criadas pela história, os clientes se sentirão enganados. A discrepância entre o que é prometido e o que é entregue pode gerar descontentamento e desconfiança, minando a credibilidade da marca.
- **Falta de Autenticidade:** Consumidores de hoje valorizam a autenticidade e podem detectar quando uma marca está sendo inautêntica ou manipulativa em sua narrativa. Se a história problema-solução parece forçada ou não reflete os valores genuínos da marca, isso pode afetar negativamente a percepção do público.
- **Sensacionalismo ou Exagero:** Exagerar na apresentação do problema ou na eficácia da solução pode levar a expectativas irreais. Quando a experiência real não corresponde ao hype, isso pode levar a uma reação negativa do público e prejudicar a reputação da marca.
- **Falta de Relevância:** Uma história problema-solução que não se alinha com as necessidades reais ou a experiência de vida do público-alvo pode parecer desconectada e irrelevante. Isso não só falha em engajar o público, mas também pode ser percebido como uma tentativa de manipulação, criando uma reação adversa.
- **Uso Inadequado da Emoção:** Enquanto evocar emoções pode ser uma ferramenta poderosa, manipular emoções de forma negativa ou explorar medos e ansiedades sem oferecer uma solução genuína e útil pode ser visto como exploratório e insensível, danificando a reputação da marca.
- **Saturação:** Se muitas marcas utilizam abordagens semelhantes, a estratégia pode perder sua eficácia. Os consumidores podem se tornar céticos ou imunes a essas mensagens, reduzindo a eficácia da narrativa problema-solução.
- **Falhas na Execução (como sempre!):** A história e sua condução exercem papel crucial na captura da atenção da audiência. Execuções falhas, exemplificadas por comunicações ambíguas, produções de baixa qualidade ou histórias que carecem de fluidez, tendem a desviar a atenção ou mesmo repelir os espectadores, ao invés de cativá-los.

Este livro representa o quarto volume da coleção "5 Lições de Storytelling". Caso não tenha explorado os volumes anteriores, recomendo que o faça, visto que eles oferecem uma rica fonte de conhecimento sobre como aprimorar a criação de histórias com menor incidência de 'erros operacionais' — ou seja, a possibilidade de tiro na testa quase se anula, e só sobra o tiro no pé se você for do tipo 'crente em tudo que aparece como o milagre que vai resolver a sua vida. Mas, pelo menos, tiro no pé de quando em vez não tem tanto potencial de ser fatal! —. Em uma era onde o discernimento do público está em constante ascensão, o segredo para desenvolver uma história que efetivamente realce o êxito de seu produto, marca ou serviços reside em assegurar genuinidade, sintonia com os anseios da audiência, cumprimento das expectativas criadas e primor na realização. Entre os diversos modelos propagados online e em conferências, muitas vezes por autores iniciantes ou oportunistas que se baseiam em leituras superficiais para elaborar "cursos revolucionários", este emerge como o mais recorrente e, paradoxalmente, o mais falho.

3. **Mostrar, Não Dizer:** Marqueteiros recomendam o uso de histórias para mostrar os benefícios do produto em ação, ao invés de apenas falar sobre eles. Isso pode envolver histórias de sucesso de clientes, casos de estudo, ou cenários hipotéticos que ilustram como o produto pode ser utilizado para superar obstáculos ou alcançar objetivos.

POIS É..., MAS...

Esta estratégia de "Mostrar, Não Dizer" pode falhar em causar o impacto desejado, especialmente quando há limitações de tempo para apresentar uma história convincente, por várias razões:

- **Complexidade vs. Tempo Disponível:** Histórias impactantes frequentemente requerem um desenvolvimento detalhado para construir uma conexão emocional ou demonstrar eficazmente os benefícios de um produto. Quando o tempo é escasso, pode ser desafiador transmitir a profundidade e a nuance necessárias para engajar verdadeiramente o público, resultando em uma história apressada ou superficial.

- **Sobrecarga de Informações:** Tentar mostrar os benefícios de um produto através de histórias de sucesso, estudos de caso ou cenários hipotéticos em um curto período pode levar à sobrecarga de informações. O público pode ter dificuldade em processar muitos detalhes de uma vez, o que dilui a mensagem principal e reduz a eficácia da comunicação.
- **Falha em Destacar Diferenciais:** Em um formato condensado, a ênfase pode recair mais sobre a história do que sobre os aspectos únicos e diferenciadores do produto ou serviço. Isso pode fazer com que a oferta pareça semelhante a outras no mercado, falhando em destacar o que realmente a torna especial.
- **Expectativas do Público:** O público moderno, acostumado a mensagens rápidas e diretas, pode não ter a paciência ou o interesse em seguir uma história complexa, especialmente se esta não capturar imediatamente a sua atenção. Se a história não engajar nos primeiros momentos, é provável que não tenha o impacto desejado.
- **Execução Inadequada:** A pressão do tempo pode levar a compromissos na qualidade da execução, desde a escolha das histórias até a forma como são contadas. Uma história mal apresentada, mesmo que tenha um conteúdo potencialmente impactante, pode falhar em criar a impressão desejada.
- **Desalinhamento com o Público-Alvo:** Histórias que não ressoam com as experiências, necessidades ou valores do público-alvo podem falhar em criar uma conexão significativa. Quando o tempo é limitado, torna-se ainda mais crucial escolher e adaptar cuidadosamente a história para o público específico.

Apesar desses desafios, "Mostrar, Não Dizer", na minha opinião, permanece uma estratégia ainda das mais poderosas quando aplicada corretamente. O sucesso depende de uma preparação cuidadosa, seleção criteriosa de conteúdo e uma apresentação que seja ao mesmo tempo envolvente e informativa, mesmo dentro de restrições de tempo.

4. Incorporar Emoção: Histórias que evocam emoção tendem a ser mais memoráveis e impactantes. Marqueteiros aconselham encontrar maneiras de conectar emocionalmente com o público, seja através da alegria, surpresa, alívio ou qualquer outra emoção que o produto ou serviço possa despertar.

POIS É..., MAS...

A estratégia de incorporar emoção em histórias cujo objetico é vender (marketing) pode enfrentar dificuldades, particularmente quando manejada por profissionais menos experientes, por várias razões importantes:

- **Equilíbrio Delicado:** Manipular emoções requer um equilíbrio delicado. Exagerar na tentativa de evocar emoção pode parecer forçado ou insincero, o que afasta em vez de atrair o público. Profissionais menos experientes podem ter dificuldade em encontrar esse equilíbrio, resultando em histórias que soam artificiais ou melodramáticas.
- **Autenticidade:** A autenticidade é crucial ao tentar estabelecer uma conexão emocional. Histórias que não refletem genuinamente a marca, produto ou serviço podem falhar em convencer o público de sua veracidade. Profissionais novatos podem lutar para criar narrativas que sejam ao mesmo tempo emocionalmente envolventes e verdadeiras aos valores da marca.
- **Compreensão do Público-Alvo:** Para evocar eficazmente emoções, é essencial entender profundamente o público-alvo, incluindo seus desejos, medos e motivações. Profissionais com menos experiência podem não ter a percepção necessária para identificar e explorar essas nuances emocionais de forma efetiva.
- **Sensibilidade Cultural e Social:** Diferentes culturas e grupos sociais reagem a estímulos emocionais de maneiras distintas. Sem uma compreensão cuidadosa dessas diferenças, profissionais menos experientes podem inadvertidamente evocar emoções negativas ou ofender seu público.

- **Uso Apropriado de Emoções:** Escolher a emoção certa para destacar pode ser desafiador. Enquanto algumas emoções podem ser universais, como alegria ou surpresa, a aplicação inapropriada ou o foco em emoções negativas sem uma resolução positiva pode alienar o público em vez de engajá-lo.
- **Saturação de Emoção:** O público está cada vez mais exposto a tentativas de marketing emocional, o que pode levar a uma saturação. Profissionais menos experientes podem subestimar a importância de oferecer algo único e significativo, recorrendo a clichês emocionais que já não têm o impacto desejado.
- **Conexão com a Oferta:** Por fim, a emoção incorporada na história deve estar diretamente relacionada aos benefícios reais do produto ou serviço. Falhar em fazer essa conexão de forma clara pode resultar em uma narrativa emocionalmente impactante que, no entanto, não converte interesse em ação, pois o público pode não ver como o produto ou serviço se encaixa em suas vidas.

Portanto, enquanto a incorporação de emoção é uma ferramenta poderosa no marketing, seu sucesso depende da habilidade, experiência e sensibilidade do profissional em criar histórias que sejam autênticas, ressonantes com o público-alvo, e cuidadosamente alinhadas aos valores e benefícios da marca.

5. **Autenticidade:** Histórias genuínas e autênticas tendem a ressoar mais. Profissionais de marketing incentivam marcas a compartilharem suas próprias jornadas, desafios e sucessos de maneira honesta, bem como a utilizar testemunhos reais de clientes.

POIS É..., MAS...

A ênfase na autenticidade em marketing e Storytelling é fundamental, mas pode transformar-se em uma receita para um desastre irreversível quando mal aplicada ou interpretada erroneamente. Aqui estão algumas razões pelas quais isso pode acontecer:

- **Transparência Excessiva:** Enquanto a honestidade é valorizada, compartilhar aspectos da jornada de uma marca que podem ser percebidos como negativos ou controversos sem uma estratégia cuidadosa pode afetar a percepção do público. Detalhes sobre desafios internos, erros passados, ou decisões polêmicas, se não forem comunicados com cuidado, podem prejudicar a confiança e a lealdade do cliente.
- **Falha na Execução da Mensagem:** A tentativa de ser autêntico pode falhar se a mensagem não for bem planejada ou se parecer forçada. Profissionais de marketing devem equilibrar a autenticidade com a estratégia de marca; caso contrário, podem enviar mensagens confusas ou incoerentes ao público.
- **Uso Inadequado de Testemunhos:** Testemunhos reais são uma poderosa ferramenta de prova social, mas quando mal selecionados ou apresentados fora de contexto, podem parecer inautênticos ou manipulativos. Isso é especialmente verdadeiro se os testemunhos não refletem uma experiência típica do cliente ou são demasiadamente editados.
- **Autenticidade Forçada:** Tentar projetar uma imagem de autenticidade sem que ela esteja verdadeiramente alinhada com os valores e práticas da empresa pode ser percebido como desonesto. O público de hoje é habilidoso em detectar falsidade, e uma vez que a confiança é quebrada, pode ser extremamente difícil reconstruí-la.
- **Desalinhamento com o Público-Alvo:** Histórias e mensagens que são autênticas para a marca, mas não ressoam com o público-alvo, podem causar desconexão. Compreender profundamente o público é crucial; sem isso, mesmo as histórias mais sinceras podem falhar em engajar.
- **Reação Negativa a Mudanças:** Empresas evoluem, e uma parte da autenticidade é ser honesto sobre essa evolução. No entanto, mudanças significativas em valores, missão, ou oferta de produto que não são comunicadas de forma transparente e sensível podem levar a uma percepção de inautenticidade ou traição.

- **Autenticidade sem Valor Agregado:** Histórias autênticas que falham em destacar o valor do produto ou serviço podem não ser eficazes. A autenticidade precisa ser equilibrada com mensagens que clarifiquem como a marca atende às necessidades ou resolve os problemas do cliente.

É fundamental que as estratégias de autenticidade sejam cuidadosamente planejadas, verdadeiramente alinhadas com os valores da marca, e executadas de maneira que ressoe positivamente com o público-alvo.

6. **Incluir um Chamado à Ação (CTA):** Após envolver o público com uma história cativante, é crucial direcioná-los ao próximo passo com um chamado à ação claro. Isso pode ser um convite para aprender mais, fazer uma compra, se inscrever em um serviço, entre outros.

POIS É..., MAS...

A eficácia dos Chamados à Ação (CTAs) tem enfrentado desafios em um cenário onde consumidores estão cada vez mais informados, céticos e resistentes a técnicas de venda diretas. A mudança na percepção dos CTAs pode ser atribuída a vários fatores, que exigem uma revisão crítica e uma abordagem mais sutil e estratégica. Aqui estão algumas razões pelas quais os CTAs tradicionais estão perdendo seu impacto e o que pode ser feito para adaptá-los:

- **Sobrecarga de Informações:** Os consumidores estão expostos a um volume massivo de informações e publicidade online diariamente. Isso levou a uma saturação que faz com que muitos ignorem CTAs percebidos como genéricos ou intrusivos.
- **Desconfiança Crescente:** Alertas de médias sérias, profissionais da psicologia e autoridades sobre práticas predatórias online aumentaram a desconfiança dos consumidores. Eles estão mais atentos a possíveis golpes e menos propensos a agir por impulso, buscando autenticidade e transparência antes de se comprometerem.

- **Evolução do Comportamento do Consumidor:** O comportamento do consumidor evoluiu para priorizar pesquisas e comparações antes de fazer compras. Isso significa que CTAs diretos para compra podem ser menos eficazes do que aqueles que oferecem mais informações, educação ou uma amostra da experiência do produto.
- **Demanda por Valor Agregado:** Consumidores esperam mais do que apenas produtos; eles buscam experiências, valor agregado e conexão com as marcas. CTAs que simplesmente pedem uma compra sem oferecer um valor claro ou uma razão convincente são menos propensos a serem bem-sucedidos.

Nas minhas consultorias, quando chego a este ponto, ouço com frequência: *Ai, ai, ai, James, não me diz isto! E agora?*

NOTA:
Realmente, entendo o caso. Aqui então,
vão algumas estratégias que aconselho para refazer CTAs
— mas sugiro criar e testar as suas!

Para adaptar-se a essas mudanças e tornar os CTAs mais eficazes, as marcas podem considerar as seguintes abordagens:
- **Foco na Oferta de Valor:** Antes de pedir qualquer ação, é essencial demonstrar claramente o valor que o consumidor receberá. Isso pode envolver a oferta de conhecimento, entretenimento ou soluções para problemas reais.
- **Personalização:** Ajustar os CTAs com base no comportamento, interesses e estágio da jornada do consumidor pode aumentar significativamente sua eficácia. A personalização mostra que a marca entende e respeita as necessidades únicas do seu público.
- **Abordagem Indireta:** Em vez de pedir uma compra direta, os CTAs podem convidar os consumidores a participar de uma comunidade, se inscrever para receber conteúdo exclusivo ou testar um serviço gratuitamente. Essas ações indiretas ajudam a construir confiança e relacionamento a longo prazo.

- **Transparência e Autenticidade:** Ser claro sobre o que o consumidor pode esperar ao seguir um CTA, evitando exageros ou promessas vazias, pode ajudar a construir credibilidade e confiança.
- **Experimentação e Feedback:** Testar diferentes formas e mensagens de CTA e analisar seu desempenho pode oferecer insights valiosos sobre o que ressoa com o público. Além disso, ouvir o feedback dos consumidores pode orientar ajustes e melhorias.

O conselho que forneço e simples: enquanto o ambiente digital e o comportamento do consumidor continuam a evoluir, também deve evoluir a maneira como as marcas se comunicam e engajam seu público. Repensar os CTAs de uma maneira que alinhe com as expectativas modernas de autenticidade, valor e personalização é essencial para manter a relevância e eficácia.

7. **Usar Elementos Visuais e Sensoriais:** Histórias que incorporam elementos visuais, auditivos ou sensoriais podem aumentar o envolvimento e a retenção. Isso pode ser alcançado através de imagens, vídeos, música e mais, complementando a história escrita, projetada numa tela ou por meio de uma atuação num palco.

POIS É..., MAS...

Praticamente em todos os livros que escrevi sobre o tema Storytelling, cito a frase: menos é mais. Esta frase, porém, não é minha. "Menos é mais" é frequentemente atribuída a Ludwig Mies van der Rohe, um arquiteto alemão-americano que foi uma das figuras-chave no desenvolvimento da arquitetura moderna. Mies van der Rohe usou essa expressão para descrever seu estilo minimalista, enfatizando a importância da simplicidade no design arquitetônico. Ele acreditava que reduzir os elementos de um design ao essencial, sem ornamentação desnecessária, poderia revelar a beleza e a utilidade da forma e do espaço de maneira mais pura.

Daí, a utilização de elementos visuais e sensoriais no Storytelling, embora seja uma estratégia poderosa para aumentar o engajamento e a retenção, carrega riscos significativos, especialmente para profissionais no início de carreira ou aqueles que se autoproclamam especialistas sem ter a expertise necessária. Aqui estão algumas razões pelas quais essa abordagem pode ser uma receita para o fracasso e como evitar esses fiascos:

- **Falta de Alinhamento com a Mensagem:** Utilizar elementos visuais e sensoriais que não estão alinhados com a mensagem central ou os valores da marca pode confundir o público, diluindo a eficácia da história. Iniciantes podem ter dificuldade em selecionar e integrar esses elementos de maneira coerente.

- **Sobrecarga Sensorial:** Exagerar na quantidade ou na intensidade dos estímulos sensoriais pode sobrecarregar o público, levando à desconexão em vez de engajamento. É crucial encontrar um equilíbrio que mantenha a atenção do público sem ser esmagador.

- **Desconsideração do Público-Alvo:** Não levar em conta as preferências, sensibilidades ou limitações do público-alvo ao incorporar elementos visuais e sensoriais pode resultar em reações negativas. Por exemplo, o uso inadequado de luzes piscantes pode ser problemático para pessoas com fotossensibilidade.

- **Execução de Baixa Qualidade:** A tentativa de incorporar elementos visuais ou sensoriais com uma execução de baixa qualidade pode prejudicar a percepção da marca ou do narrador. Isso é particularmente arriscado em um ambiente saturado de conteúdo de alta qualidade, onde as expectativas do público são elevadas.

- **Autenticidade e Transparência:** Falhar em ser autêntico e transparente na utilização de elementos visuais e sensoriais pode levar a desconfiança e ceticismo. Profissionais que exageram ou distorcem a realidade através desses elementos correm o risco de perder a credibilidade.

- **Legalidade e Ética:** Usar imagens ou elementos sensoriais sem a devida permissão ou crédito pode resultar em problemas legais, além de danificar a reputação. Profissionais iniciantes podem não estar plenamente cientes das nuances legais envolvendo direitos autorais e uso de imagem.

Em minhas sessões de consultoria, frequentemente me deparo com clientes que comentam: "Ah, mas fulano realizou uma palestra onde utilizou três projetores, saiu de dentro de um caixão, tirou um coelho da cartola e até se jogou do palco sobre a plateia". Eu mesmo já presenciei essas e outras extravagâncias. No entanto, me arriscaria a adotar tais artifícios se eles não fossem indispensáveis para a minha mensagem? Certamente que não! Não sou ingênuo e compreendo perfeitamente que, muitas vezes, menos é REALMENTE mais.

Aqui, então, seguem algumas estratégias para os 'entusiasmadinhos' mitigarem riscos. Para evitar tais fiascos, é essencial que profissionais, especialmente os menos experientes, adotem estratégias cuidadosas:

- ✓ **Educação e Pesquisa:** Investir tempo em aprender sobre design, psicologia do consumidor e princípios de Storytelling pode ajudar a criar narrativas visuais e sensoriais mais eficazes e coerentes.
- ✓ **Testes e Feedback:** Antes de lançar uma campanha ou apresentação, testá-la com um grupo diversificado para obter feedback pode ajudar a identificar potenciais problemas ou áreas de melhoria.
- ✓ **Foco na História:** Elementos visuais e sensoriais devem sempre servir à história, e não o contrário. Manter o foco na mensagem principal ajuda a garantir que todos os componentes estejam alinhados.
- ✓ **Profissionalismo e Ética:** Reconhecer as próprias limitações e buscar aconselhamento ou parcerias com profissionais mais experientes pode evitar erros críticos. Além disso, agir com ética e respeitar as leis de direitos autorais e imagem são fundamentais.
- ✓ **Adaptação e Flexibilidade:** Estar preparado para adaptar ou modificar a abordagem com base no feedback e nas reações do público é crucial para evitar danos irreversíveis.

Ou seja, enquanto o uso de elementos visuais e sensoriais no Storytelling tem um grande potencial para engajar o público, sua aplicação requer uma combinação cuidadosa de conhecimento, habilidade, ética e sensibilidade. Profissionais, especialmente aqueles em início de carreira, devem proceder com cautela e respeito para evitar desastres que possam comprometer sua carreira ou a reputação da marca que representam.

Ao empregar essas estruturas e técnicas, os marqueteiros buscam não apenas vender um produto ou serviço, mas também construir uma marca forte, estabelecer confiança e criar uma comunidade de clientes leais e engajados. Será que não valeria parar de pensar em estruturas pré-fabricadas e, como se fez nos últimos milênios, deixar fluir a sua verdade? Se a história for boa o baste ele ira 'colar', se não for boa, não é colocá-la dentro da estrutura proposta por Campbell que vai salvá-la do fracasso.

Para profissionais de Storytelling, marketing, copywriting, autores, coaches, palestrantes, e todos aqueles empenhados em aperfeiçoar suas habilidades de comunicação por meio de relatos cativantes, o segredo para se destacar está na habilidade de encantar sua audiência com contos que ultrapassem os convencionalismos. No entanto, é crucial dominar esses esquemas tradicionais para, em seguida, poder inová-los e adaptá-los com habilidade. Assim como um romancista precisa conhecer as regras da língua antes de aventurar-se a quebrá-las, a excelência em contar histórias demanda um conhecimento profundo das suas estruturas fundamentais.

Este campo não é um território de livre atuação sem regras — o tal vale-tudo para fazer uma graninha —; ao contrário, é um domínio onde apenas os mais perspicazes e preparados prosperam a longo prazo, em 49 anos de estrada, não passa um mês em que eu não veja alguém derrapar, despistar e sair fora da estrada. A maioria aprende a lição e não mais retornam. Já os que continuam, são aqueles que entendem profundamente sobre as origens evolutivas dos contos, além de simplesmente recorrer a fórmulas como a 'Jornada do Herói' ou tentar encaixar emoções de forma artificial, que realmente se destacam. Atualmente, é imprescindível possuir saberes que vão da psicologia à antropologia, apreciando como os contos se entrelaçam com o percurso humano.

Mesmo ao eu citar nesta lição abordagens como o CBT (Terapia Cognitivo-Comportamental) em um contexto de coaching, sublinho a importância de não apenas ter uma compreensão superficial dessas técnicas, mas uma sólida capacidade de aplicá-las efetivamente, seja em consultorias corporativas ou ao disseminar conhecimentos sobre a arte de contar histórias. Embora não me intitule um coach comportamental, reconheço a necessidade de entender essas práticas antes de me aventurar a oferecer conselhos profissionais ou subir ao palco para falar sobre o poder dos relatos.

As histórias que verdadeiramente conduzem ao êxito são aqueles autênticos, que espelham de forma genuína sua essência, seja baseando-se em eventos reais, ficção ou fantasia. Esses relatos devem possuir um elemento distintivo que os separe do restante, evitando padrões desgastados que apenas reiteram a noção de ser apenas mais um no meio da multidão. Afirmar sua singularidade não significa apenas ser diferente, mas ser reconhecido como "O Referencial", aquele cuja voz ecoa de maneira única e marcante. Portanto, invista na profundidade de seu saber e na busca por uma expressão autêntica que o distinga em um mercado repleto de repetições.

PAPINHO EXTRA, MAS QUE PODE INTERESSAR

Papinho um

Sucesso, fracasso e desistência são conceitos que permeiam a jornada de todo indivíduo, cada um carregando significados e consequências únicas em nossas vidas. Embora distintos, o processo de preparação e elaboração das histórias que os definem compartilha uma base comum, refletindo a complexidade e a interconectividade de nossas experiências.

Sucesso

O sucesso é frequentemente celebrado como a culminação de esforço, determinação e planejamento estratégico. A história do sucesso é construída a partir de objetivos claros, a persistência em face dos obstáculos e a capacidade de adaptar-se às mudanças. Exemplificando, um empreendedor que lança um produto inovador no mercado após anos de pesquisa, desenvolvimento e ajustes finos exemplifica essa narrativa. A história de sucesso é marcada pela resiliência, aprendizado contínuo e a habilidade de superar desafios.

Fracasso

Por sua vez, o fracasso é muitas vezes visto como um ponto de inflexão negativo, mas é igualmente uma parte integral do processo de crescimento. A história do fracasso não é apenas sobre a perda ou a falta de êxito, mas sobre as lições aprendidas, a introspecção e a oportunidade de recomeçar com uma perspectiva renovada. Por exemplo, um cientista que enfrenta repetidas falhas em seus experimentos, mas usa essas experiências para refinar suas hipóteses, demonstra que o fracasso é um estágio crucial na busca pelo conhecimento. A preparação para enfrentar o fracasso envolve resiliência, flexibilidade e a disposição para questionar e reavaliar as próprias suposições.

Desistência

A desistência, embora possa ser percebida negativamente, é uma escolha deliberada que pode ser motivada por uma variedade de razões válidas, incluindo o reconhecimento de que certos objetivos não são mais desejáveis ou alcançáveis. A história da desistência pode ser uma de autoconhecimento e coragem para abandonar um caminho que não leva à realização pessoal ou profissional. Um atleta que decide encerrar sua carreira profissional para perseguir uma nova paixão exemplifica a complexidade da desistência. A preparação para essa decisão envolve uma avaliação honesta das próprias prioridades, valores e bem-estar.

Preparação Comum

Independentemente do desfecho, seja sucesso, fracasso ou desistência, a preparação para essas histórias envolve elementos comuns. Todos exigem autoconhecimento, a definição de objetivos, avaliação de riscos e benefícios, e a capacidade de fazer ajustes conforme necessário. A mentalidade de crescimento, a abertura para novas aprendizagens e a resiliência são fundamentais em cada cenário.

Pois bem, enquanto sucesso, fracasso e desistência são definidos por histórias distintas, a forma como nos preparamos para enfrentar cada um destes desfechos reflete um processo de pensamento, planejamento e adaptação similar. Reconhecer e abraçar a complexidade dessas experiências, juntamente com a preparação consciente para cada uma, pode enriquecer nossa jornada pessoal e profissional, transformando cada história em uma fonte de força e sabedoria.

Papinho dois

Será um papinho rápido, uma reflexão e um desafio.

A reflexão, primeiro!

Por onde eu vá, do Ocidente ao Oriente, há sempre a incessante curiosidade acerca da importância das histórias e a 'grande questão', se o Storytelling é arte ou ciência. Digo que está questão não me é tão complexa e pode ser esclarecida assim: sim, é uma ciência, mas acima de tudo, é uma forma de arte. Vê-se que, num mundo que prioriza o útil, o funcional e o produtivo, a arte emerge como o rebelde supremo, o eterno não conformista que se recusa a seguir as normas estabelecidas pela sociedade. E na sua aparente falta de utilidade, a arte consegue algo que vai além do mero funcionalismo: ela transcende o banal e enobrece o viver humano.

A arte não se compara a ferramentas como martelos ou chaves de fendas. Não tem a função de consertar torneiras defeituosas ou de montar móveis. O seu propósito transcende a funcionalidade prática ou a satisfação de necessidades imediatas. A arte existe por e para si mesma, um enigma estético que resiste a definições simplistas.

Na sua existência frívola, decorativa e maravilhosamente despropositada, a arte nos lembra que a vida ultrapassa a severidade da simples sobrevivência. Ela é uma janela para o sublime, um reflexo do espectro emocional humano, um portal para dimensões que os olhos comuns não podem ver.

Portanto, ao dizer que "toda a arte é completamente inútil", Oscar Wilde não estava a subtrair o seu valor, mas sim a exaltar a sua verdadeira essência. Naquilo que pode parecer inútil, a arte se revela a mais elevada manifestação da liberdade humana, um testemunho desafiador e esplêndido do ilimitado potencial do espírito humano.

E isso, sem dúvida, está muito distante de ser inútil.

Terceira Lição

Agora o desafio!

Volte à história que iniciou no começo desta lição, aquela em que tinha de visualizar-se segurando firmemente a mão de um amigo, pronto para desvendar algo que o deixaria boquiaberto e, quem sabe, o transformaria para sempre. Tendo em mente tudo o que leu e, espero, absorveu nesta lição, reescreva abaixo aquela sua história e faça uma comparação da nova versão com a primeira versão. Está melhor? Provavelmente sim, pois "escrever é reescrever" e quanto mais nos aprofundamos no conhecimento de estruturas e técnicas, adentrando nos labirintos do Storytelling, mais refinadas se tornam nossas histórias, mais eficazes para alcançar o propósito ao qual as destinamos.

À medida que nos aproximamos do final desta jornada sobre storytelling e sucesso, é impossível não reconhecer o papel monumental da semiótica — a ciência que estuda os signos e símbolos e sua capacidade de transmitir significados. Em cada história que nos comove, em cada narrativa que nos inspira ao sucesso, há um tecido intricado de signos que, habilmente entrelaçados, criam universos tão vastos quanto a imaginação humana pode alcançar. As imagens criadas pelas histórias nos ensinam a decifrar esses universos, a entender como uma palavra ou um som podem evocar emoções profundas, mudar percepções e, em última instância, transformar vidas.

Essas três lições iniciais foram apenas o começo da aventura. Nas próximas duas, mergulharemos ainda mais fundo nesse oceano vasto e fascinante, explorando como construções meticulosamente pensadas e estruturadas — a ciência da criação de imagens mentais comoventes — e a arte do Storytelling se entrelaçam, formando a espinha dorsal de poderosas e bem-sucedidas narrativas. Criar histórias é um convite para olhar além do óbvio, para encontrar o extraordinário no ordinário e para transformar o mundano em mágico. No mundo das histórias, nada tem fim. O espetáculo está sempre apenas começando.

Reflita sobre essas questões antes de iniciar a quarta lição

- O que você acha que define uma jornada em uma história?
- Como a estrutura subjacente de uma história influencia a experiência da audiência?
- De que maneira os pontos de virada contribuem para a progressão de uma jornada narrativa?
- Como posso identificar os passos da transformação dos personagens em uma história?
- De que forma a configuração do ambiente enriquece a jornada narrativa?
- Qual é o papel dos conflitos internos e externos na estrutura de uma história?
- Como os temas subjacentes dão profundidade e significado às jornadas narrativas?
- De que maneira a introdução de símbolos e metáforas enriquece a estrutura de uma história?
- Há como contar uma história por vários ângulos ao mesmo tempo?
- De que forma o ritmo e o tempo narrativos afetam a percepção da jornada pelo público de uma história?
- Como a perspectiva narrativa influencia a imersão do leitor na jornada da história?
- De que maneira posso equilibrar a previsibilidade e a surpresa na estrutura de uma história?
- Como a resolução de uma história contribui para a satisfação da jornada narrativa?
- De que forma posso aplicar o conceito de jornada do herói para criar uma estrutura de história envolvente? (Se já leu os meus livros anteriores)

Lição 4

"As histórias, como o leite, são azedas, se as garrafas que as contêm não sejam escrupulosamente limpas."

McSill

Quarta Lição

Embora 1999 tenha sido ruim, a ponto de eu jurar estar sendo o pior da minha vida, nada teria me preparado para o ano 2000, que seria ainda pior.

— Odeio ter que te trazer más notícias, James, mas infelizmente precisamos encarar a realidade — vomitou, ríspida, a gerente de recursos humanos.

— Notícias são notícias... Que venham! — retorqui. — Quando cheguei de Timor na semana passada — continuei —, senti a tensão no ar. Mas como estava..., estou, confesso, inconformado com a morte da Mary Linn, com o translado do corpo, que achei que era coisa da minha cabeça.

— Mary vem de família Católica, James. Para a família, saber que ela está em paz...

— A família é católica, a Mary Linn não era religiosa. E não viveu para ver a falência desta editora aqui na Escócia.

— Não é falência, vamos fechar aqui e transferir para a matriz os escritórios, já o setor gráfico, em Santa Monica, faz mais sent...

— Sei...

Pouco depois, o elevador se abria na entrada da sala da diretoria, onde a minha secretária e o grupo de editores que trabalhavam comigo me esperavam. Vi o sorriso cordial de boas-vindas no rosto deles desaparecer assim que me se adiantei sala adentro e pedi para que se sentassem.

— Algo está errado? — perguntou a minha secretária.

— Fora a morte da Mary — interveio um dos editores.

— Sim — senti a cabeça balançar e a garganta fechar —, algo está muito errado. Para todos nós.

Droga, pensei com súbito alarme, por que isso está acontecendo? Mas enquanto olhava para a minha equipe, quase podia ouvir do que já se davam conta.

— Eu faço a ata — eu disse num impulso. — Não temos mais ata para fazer — corrigi.

A minha secretária, então, me informou que não era surpresa, só ainda não era oficial. Todos já sabiam, embora ela e a grande maioria não queriam acreditar.

— E agora, James — perguntou ela.

— E agora, não sei. Isto é tudo o que fiz na vida. Tudo o que fiz em vinte e tantos anos. Não há mais por que fazer reuniões — fui emendando.

Após uma curta reunião, acenei com a cabeça e saí sem me despedir. No meu escritório as caixas de papelão já estavam sobre a minha escrivaninha. Duas bastariam. Afinal, eu devia mesmo ser frugal, duas décadas cabiam em duas caixas que poderia levar facilmente nos braços. Verdade é que nada ali era meu, mesmo os livros que eu poderia levar, deixaria para trás.

Quando terminei de encher a primeira caixa, da minha mesa eu tinha retirado apenas os meus cadernos, os blocos de anotações, fotocópias de esquemas de estruturas de livro de autoajuda e a minha caixinha de post-its. Numa das notas, quatro ou cinco nomes dos autores com quem estive trabalhando no último semestre. Não precisaria de uma segunda caixa.

E não precisei.

Precisava apenas recolher o meu casaco e fugir dali. Pelas janelas, uma luz estroboscópica vermelha piscava iluminando as paredes, acompanhada por um lamento agudo lá fora, um som irritante e acusador das ambulâncias que escolhiam sempre aquela rua, quando havia tantas outras que levavam ao Hospital Real de Glasgow. Não devia ser nada; sinceramente; pouco me importava que fosse alguma coisa.

Minutos depois, já em silêncio, desci as escadas e passei pela porta-giratória, deixando o ar gelado me invadir os pulmões até parar, de pé, no capacho que se estendia no degrau que levava à rua. Ali, duas pessoas que eu nunca tinha visto na minha vida: uma oriental gordinha com um corte de cabelo curto e espetado e um loiro alto de cabelo despenteado, parecendo o Garibaldo do Vila Sésamo, que eu assistia quando viajava pelo Brasil. Não havia nada ameaçador neles, muito pelo contrário; pareciam tranquilamente tristes e de meia-idade, vestindo-se como um par de professores substitutos, mas, embora ambos tivessem expressões gentis em seus rostos, entendi, no instante em que os vi, que a minha vida, como eu a conhecia, tinha acabado.

— Conheço você — disse ele.

— Você não lembra de nós — emendou ela. — Você ministrou uma oficina de edição em que participamos.

— Ministro muitas — completei. — Foi aqui na sede?

O Cara-de-Garibaldo baixou os olhos.

— Não. Foi em Atlanta. Você nos indicou o mentor que nos ajudou com o nosso livro, que foi excelente. O nosso livro foi publicado... Não teria sido publicado sem ele.

— Mas não vendeu tão bem — completou ela.

Corri o olhar na rua em busca de algum táxi que pudesse estar se aproximando. Ouvi que cochichavam e dei-me conta de que estavam conversando comigo.

— Lamento — eu disse.

— Tudo bem — respondeu ela. — Acabaram de encerrar o contrato conosco e viemos buscar o cheque. Não vamos mais escrever autoajuda. Vamos partir para ficção. Você é o editor responsável para área de ficção, não é?

— Não. Não sou mais. A editora está de mudança para a Califórnia e não vou com eles.

— Para que editora você vai agora? — inquiriu ele.

Ergui os ombros em silêncio.

— Olha — continuou ele, tirando um bloquinho e caneta do bolso do casaco — vou deixar com você o nosso e-mail e o número do telefone — disse já rabiscando. — Se conhecer outro mentor por aqui, avisa para gente — entregou para mim o pedaço de papel. — E também vamos estar disponíveis para conversar com a sua nova editora.

— Certamente — murmurei como sempre murmurava nas ocasiões em que escritores me assediavam achando que eu sabia qual era o santo caminho da utópica publicação comercial.

— Ponho aqui? — disse ele, enquanto metia o papelzinho por entre as tampas da minha caixa.

Não me despedi. Ganhei a rua abraçado àquela caixa de papelão, tentava firmar os pés no pavimento para não escorregar e cair na chuva. Eu não tinha ideia de como, quando isto acontecia com outras pessoas, elas reagiam. Saíam para rua e se molhavam na chuva fria para arrefecer a cabeça e aplacar o desespero? Apressei o passo. Sério, pensei, que situação a minha! Não há nada mais para mim, nem carreira, nem trabalho, nem sonhar que um dia a Mary Linn seria minha. O que se faria? A saída seria a dos personagens dos dramas que eu editava, que se deitavam na banheira quente e cortavam os pulsos? Enfim, era melhor eu tomar um táxi, pois da próxima vez que chovesse, pelo menos, não iria associar os pingos gelados com esse dia de fim de carreira.

O peito apertou mais ainda. Mas acenei para um táxi, que parou e corri.

E escorreguei, caindo de costas.

De repente fiquei olhando o céu, com a caixa ainda nos meus braços. Levantei. Dei outro passo e caí, desta vez, de focinho, por cima da caixa, cumprimentando a calçada com o meu nariz.

No meio daquela noite, antes de dormir, me vinha à cabeça a triste imagem de mim mesmo ainda estirado no chão molhado. Mas agora a chuva tinha se transformado em nevasva, eu iria atravessar o quarto de pijama, abrir as cortinas e observar os ininterruptos e pesados flocos caindo. Ininterruptos, constantes, frios e silenciosos, como seria o meu sofrimento. O meu mundo havia ruído. Eu havia ruído. A resposta ao alívio da dor, por ironia, talvez, não se encontraria, afinal, nos dramas que eu editava?

STORYTELLING: SIMPLES E PROFUNDO

Dominar a semiótica para contar histórias

A semiótica, em sua essência, é o estudo dos signos e símbolos e de como eles comunicam significados dentro de diversos contextos. Ela se aprofunda na análise de como as ideias são expressas e interpretadas, seja por meio de linguagem, imagens, sons ou qualquer outro sistema de signos. Este campo de estudo oferece insights valiosos sobre a maneira como os seres humanos entendem e dão sentido ao mundo ao seu redor, sendo fundamental para a compreensão da comunicação humana e da interpretação cultural.

No contexto do Storytelling, a semiótica se torna uma ferramenta poderosa. Ela permite aos contadores de histórias criar narrativas que ressoam profundamente com o público, utilizando signos e símbolos de maneira estratégica para evocar emoções, transmitir mensagens e construir significados complexos. Através da compreensão dos princípios semióticos — e aqui vamos apenas pincelar, no contexto de um livro-manual que se propões ser de fácil leitura —, é possível desenvolver histórias que se conectam de forma mais eficaz com as experiências, valores e expectativas dos espectadores ou leitores.

Eis um exemplo da planificação de uma história que usará apenas ilustrações:

Criar uma história por meio de ilustrações é um processo fascinante que combina arte visual com narrativa. A seguir, apresento um exemplo simplificado de como uma história pode ser contada através de imagens, passo a passo:

Título: "O Voo da Borboleta"

1. Cena de Abertura: O Despertar

Ilustração: Uma pequena borboleta, com cores vibrantes, emerge de seu casulo ao amanhecer. O fundo mostra um jardim repleto de flores, com o sol começando a iluminar o cenário.

2. O Desafio: Primeiro Voo

Ilustração: A borboleta tenta voar, mas cai várias vezes. Expressões de frustração e determinação são visíveis em seu rosto. O jardim, cheio de obstáculos como teias de aranha e vento forte, representa os desafios.

3. Ajuda Inesperada: O Pássaro

Ilustração: Um pássaro amigável aparece, notando a luta da borboleta. Ele oferece suas asas como rampa de lançamento. A expressão da borboleta muda para esperança e gratidão.

4. A Conquista: *O Primeiro Voo Bem-sucedido*

Ilustração: Impulsionada pelo pássaro, a borboleta finalmente decola. A cena mostra-a voando alto sobre o jardim, com um rastro de brilho colorido deixado por suas asas.

5. O Retorno: *Compartilhando a Alegria*

Ilustração: *A borboleta, agora confiante, retorna ao casulo, agora vazio, para encontrar outras borboletas prestes a emergir. Ela as encoraja, compartilhando sua própria jornada.*

6. Cena Final: *Transformação*

Ilustração: O jardim visto de cima, com várias borboletas voando juntas, criando um mosaico de cores no ar. A cena simboliza liberdade, comunidade e a beleza da transformação.

Epílogo: *O Poder da Semiótica*

Uma nota final destaca como cada ilustração, cheia de signos e símbolos, comunica aspectos importantes da história sem o uso de palavras, se assim o desejarmos. As cores, expressões faciais e a interação entre personagens transmitem sentimentos, desafios e triunfos. A semiótica desempenha um papel crucial na interpretação desses elementos, oferecendo uma camada adicional de significado à história visual.

"O Voo da Borboleta" ilustra não apenas uma história de superação e amizade, mas também como a semiótica enriquece a contação de histórias por meio de ilustrações.

Como consegue ver, trabalhar com histórias sem entender ou dominar princípios básicos da semiótica é possível, mas ter um conhecimento dessa área pode enriquecer significativamente a prática do Storytelling. Verdade é que, comunicarmo-nos por meio de histórias — reproduzir acontecimentos e feitos para 'outros da mesma espécie' que não os experimentaram em primeira-mão, mas irão capitalizar vicariamente da nossa experiência partilhada —, certamente, precedeu, o desenvolvido das línguas humanas complexas que conhecemos hoje.

Contar uma história é essencialmente o esforço de um indivíduo para transplantar uma imagem de sua mente para a de outra pessoa. Essa imagem pode ser vívida ou fruto da fantasia, palpável ou etérea. Imagine tentar projetar na mente de alguém o mesmo filme que está rodando na sua, completo com trilha sonora, cenas vívidas e a riqueza visual de uma experiência em 3D, similar ao IMAX.

Por exemplo, quando descrevemos a subida exaustiva de uma montanha, não estamos apenas compartilhando uma sequência de ações; estamos tentando evocar o peso nas pernas do escalador, o vento gelado cortante, o som de cada passo na neve compacta, e a imensidão deslumbrante da paisagem vista do cume. Queremos que o ouvinte ou leitor sinta a exaustão e o triunfo, veja o horizonte se estendendo ao infinito, ouça o silêncio ensurdecedor do ápice solitário.

Ao mergulhar nos princípios da semiótica, os narradores se equipam com ferramentas para manipular signos — palavras, imagens, sons — de maneira que enriqueçam suas histórias, adicionando camadas de significado e emoção. Este conhecimento permite que detalhes aparentemente simples sejam carregados de significado, transformando a narrativa em uma tapeçaria complexa de símbolos que ressoa profundamente com o público.

A familiaridade com a semiótica dá ao contador de histórias o poder de criar não apenas uma história, mas uma experiência imersiva e multidimensional, ampliando o engajamento e a conexão com o público.

Há quatro princípios que facilitam a nossa compreensão de qualquer texto (história), derivados da teoria semiótica, especialmente da Escola de Paris liderada por A.J. Greimas. Eles são fundamentais para a análise textual e a criação de histórias.

Estes princípios são:

1. **O significado é construído pelo leitor:** Isso implica que cada leitor interpreta um texto baseado em suas próprias experiências, conhecimentos e contexto cultural. A interação entre o texto e o leitor gera o significado, que pode variar amplamente entre diferentes leitores.

2. **O texto é completo em si mesmo e o significado vem de sua estrutura e linguagem, não das ideias que contém:** Esta premissa sugere que a forma como um texto é organizado e os elementos linguísticos que o compõem são cruciais para a interpretação do significado, mais do que as ideias ou o conteúdo explícito.

3. **A estrutura da história está subjacente a toda comunicação humana:** Este princípio reconhece que as histórias são uma forma fundamental de comunicação e que padrões de história subjacentes moldam nossa compreensão e transmissão de informações.
4. **Existem três níveis de significado em um texto:**
   ✓ Nível narrativo: Contém a estrutura da história, o enredo e a sequência de eventos.
   ✓ Nível figurativo: Examina os elementos de tempo, espaço e personagem, proporcionando uma dimensão mais concreta e visual à narrativa.
   ✓ Nível profundo ou temático: Conecta-se ao mundo mental interno do leitor, explorando conceitos abstratos como bem e mal, e oferecendo uma interpretação mais profunda da narrativa.

Quanto aos papéis atuantes na história, simplificados em seis categorias - remetente, objeto, receptor, ajudante, sujeito, oponente - eles são organizados em três eixos da ação humana (desejo, poder e comunicação), oferecendo uma estrutura para entender as motivações dos personagens e suas interações.

O nível figurativo, ao descrever e criar noções de tempo, lugar e personagem, utiliza-se dos cinco sentidos para tornar a história imersiva e *relatable*, fundamentando a narrativa na **realidade percebida**.

Finalmente, o nível profundo aborda os valores subjacentes à história, questionando de onde vêm, a que tradições estão ligados, e se desafiam ou reforçam o status quo. As lacunas ou ambiguidades em um texto convidam o leitor a preenchê-las com sua própria herança cultural e suposições, potencialmente tornando a história mais universal e ressonante. Tornando a história VERDADE! O que, de fato, não existe, pois, toda a verdade sempre será uma **verdade percebida**.

A semiótica preocupa-se com a sensação de verdade porque é a única medida de verdade que a humanidade conseguiu conceber, independentemente de quão longe pensamos ter chegado.

Papinho sobre JORNADAS

As histórias bem pensadas e bem estruturadas são fundamentais para alcançar sucesso porque elas são veículos poderosos de comunicação. Elas têm a capacidade de influenciar, inspirar e mover as pessoas, seja no contexto de marketing, ensino ou entretenimento. Ao compreender e aplicar as lições da semiótica e das estruturas narrativas como as funções de Propp ou a Jornada do Herói, os contadores de histórias podem criar histórias que não apenas capturam a atenção do público, mas também permanecem com eles, provocando reflexão e, em muitos casos, ação.

Vamos falar do Campbell?

Sim! A Jornada do Herói, ou Monomito, é uma estrutura narrativa que Joseph Campbell identificou em seu livro "O Herói de Mil Faces". Segundo Campbell, a Jornada do Herói consiste em várias etapas que muitas histórias seguem, refletindo a jornada universal do crescimento e da transformação. Aqui estão as principais etapas:

1. **Mundo Comum:** O herói é apresentado em seu ambiente cotidiano.
2. **Chamado à Aventura:** O herói é confrontado com um desafio que não pode ser ignorado.
3. **Recusa do Chamado:** Inicialmente, o herói hesita em aceitar o chamado.
4. **Encontro com o Mentor:** O herói encontra um mentor que o prepara para a jornada.
5. **Cruzamento do Primeiro Limiar:** O herói deixa o mundo comum para entrar no mundo especial ou mágico.
6. **Provas, Aliados e Inimigos:** O herói enfrenta testes, encontra aliados e enfrenta inimigos.
7. **Aproximação da Caverna mais profunda:** O herói se prepara para o maior desafio da sua aventura.
8. **Provação Suprema:** O herói enfrenta o maior desafio da jornada, muitas vezes enfrentando a morte ou a sua maior sombra.

9. **Recompensa:** Após derrotar o inimigo, o herói reivindica a recompensa ou o tesouro.

10. **O Caminho de Volta:** O herói começa a retornar ao mundo comum.

11. **Ressurreição do Herói:** O herói é severamente testado mais uma vez na sua volta para casa.

12. **Retorno com o Elixir:** O herói retorna para casa com algum tipo de "elixir", seja um tesouro ou uma lição aprendida, capaz de melhorar o mundo comum.

Estas etapas não são necessariamente seguidas por todas as histórias, e nem todas as histórias incluem todas essas etapas. Além disso, algumas histórias podem apresentar essas etapas em ordens diferentes ou repeti-las várias vezes ao longo da narrativa. A Jornada do Herói serve como um modelo flexível que pode ser adaptado e interpretado de várias maneiras, dependendo da história específica.

Mas neste livro, quero abordar outras jornadas, menos conhecidas, mas igualmente válidas. Até porque abordei com profundidade a JDH nos três primeiros livros desta série. Por que, questiono, você — eu e quem trabalha com Storytelling — temos de ficar presos à jornada do bendito herói, quando há uma infinidade de outras?

Outras? Vamos falar do Vladimir?

Sim! Vladimir Propp foi um folclorista e crítico literário russo que analisou estruturas de contos de fadas em sua obra "Morfologia do Conto". Ele identificou 31 funções narrativas que são componentes comuns em muitos contos de fadas russos. Estas funções são ações típicas dos personagens ou eventos da trama que seguem uma sequência lógica. Aqui estão algumas das principais funções identificadas por Propp:

1. **Aflição:** Algo é retirado do herói ou é desejado pelo vilão.
2. **Partida:** O herói deixa o lar.
3. **Proibição:** É imposta uma proibição ao herói.
4. **Transgressão:** A proibição é violada.

5. **Investigação:** O vilão faz perguntas para obter informações.
6. **Entrega de Informações:** O herói ou outra personagem revela informações.
7. **Engano:** O herói é enganado, levando ao sucesso do vilão.
8. **Cumplicidade:** O herói é influenciado ou enganado a colaborar com o vilão.
9. **Vilania ou falta:** O vilão causa dano ou prejuízo a um membro da família.
10. **Mediação:** O mal ou falta é revelado ao herói.
11. **Início da contra-ação:** O herói decide agir contra a vilania ou falta.
12. **Partida:** O herói deixa o lar em busca de algo ou para resolver uma situação.
13. **Primeira função do doador:** O herói encontra um doador ou ajuda mágica.
14. **Reação do herói:** O herói responde aos testes do doador.
15. **Obtenção de um objeto mágico:** O herói ganha um item mágico ou importante.
16. **Transferência para um local de destino:** O herói é levado ou guiado para um local crucial.
17. **Luta:** O herói e o vilão enfrentam-se diretamente.
18. **Marcação:** O herói é marcado de alguma forma.
19. **Vitória:** O vilão é derrotado pelo herói.
20. **Reparação:** O herói retorna ou começa a voltar para casa.
21. **Perseguição:** O herói é perseguido pelo vilão ou suas forças.
22. **Resgate:** O herói é salvo da perseguição.
23. **Chegada não reconhecida:** O herói retorna disfarçado ou não reconhecido.
24. **Reclamação falsa:** Um impostor tenta assumir o lugar do herói.
25. **Tarefa difícil:** Uma tarefa quase impossível é proposta ao herói.
26. **Solução:** A tarefa é resolvida.
27. **Reconhecimento:** O herói é reconhecido, geralmente pela marca.
28. **Exposição:** O falso herói ou vilão é exposto.

29. **Transfiguração:** O herói ganha uma nova aparência.
30. **Punição:** O vilão é punido.
31. **Casamento:** O herói se casa e ascende ao trono ou alguma forma de recompensa.

Estas funções, de acordo com Propp, podem não ocorrer todas, e a ordem pode variar. No entanto, ele argumentou que a estrutura básica dos contos de fadas é consistente em muitas culturas, com variações baseadas nessas funções fundamentais. As funções de Propp são úteis para analisar a estrutura das histórias e entender como os elementos narrativos são organizados para criar uma história coesa e envolvente.

Aqui apresento a primeira história de um dos alunos dos meus cursos, na qual ele emprega a metodologia de Propp. A história é exibida sem edições, em sua forma bruta, para demonstrar como, ao compreender as estruturas subjacentes, é possível criar uma história que flui do coração com grande facilidade. Posteriormente, claro, vem o processo de edição.

Leia este esboço de história e identifique os elementos presentes. Se, como eu, não tem problema em fazer anotações nos livros, sublinhe e indique à mão qual é o elemento:

> Em um reino distante, vivia um jovem camponês chamado Ivan. Um dia, o rei anunciou que a princesa fora sequestrada por um dragão terrível e prometeu sua mão em casamento a quem a resgatasse. Movido pelo desejo de aventura e pela promessa de recompensa, Ivan decidiu partir em busca da princesa, apesar dos avisos de sua avó para que tomasse cuidado.
>
> Antes de sair, Ivan foi abençoado por um velho sábio, que lhe deu uma espada mágica e um conselho valioso, prometendo ajudá-lo em sua jornada. Armado e preparado, Ivan partiu, cruzando o limite entre a aldeia e a floresta proibida, onde encontrou e foi traído por um falso amigo que tentou dissuadi-lo de sua missão.
>
> Dentro da floresta, Ivan enfrentou várias provações: ele lutou contra bandidos, salvou animais encantados e recebeu deles presentes mágicos como agradecimento. Um desses ani-

mais, um pássaro falante, concordou em ajudá-lo a encontrar o castelo do dragão.

Quando chegaram ao castelo, Ivan teve de superar uma série de armadilhas mágicas, usando os presentes mágicos que recebera. Com a ajuda do pássaro, ele conseguiu localizar a princesa, mas foi confrontado pelo dragão.

A luta foi intensa e perigosa, mas Ivan, utilizando a espada mágica, conseguiu derrotar o dragão e libertou a princesa de sua prisão. Eles então iniciaram a jornada de volta ao reino.

Durante o caminho de volta, Ivan e a princesa foram perseguidos por inimigos do reino, mas conseguiram escapar graças aos presentes mágicos e à astúcia de Ivan. Ao chegarem ao reino, Ivan foi inicialmente recebido com desconfiança, mas logo provou sua identidade ao mostrar a espada que derrotou o dragão.

O rei, reconhecendo Ivan como o herói da profecia, concedeu-lhe a mão da princesa em casamento. Ivan e a princesa se casaram em uma grande festa que uniu todo o reino, e Ivan foi nomeado o novo herdeiro do trono.

O falso amigo que havia traído Ivan foi desmascarado e punido, enquanto Ivan e a princesa viveram felizes para sempre, governando o reino com sabedoria e justiça. E assim, a história de Ivan se tornou uma lenda no reino, celebrada por gerações.

Aqui tem a resposta:

Em um reino distante, vivia um jovem camponês chamado Ivan. Seu mundo comum era a aldeia onde nascera e crescera (1. Afastamento do lar). Um dia, o rei anunciou que a princesa fora sequestrada por um dragão terrível e prometeu sua mão em casamento a quem a resgatasse (2. Proibição). Movido pelo desejo de aventura e pela promessa de recompensa, Ivan decidiu partir em busca da princesa, apesar dos avisos de sua avó para que tomasse cuidado (3. Transgressão da proibição).

Antes de sair, Ivan foi abençoado por um velho sábio, que lhe deu uma espada mágica e um conselho valioso (4. Reconhecimento), prometendo ajudá-lo em sua jornada (5. Informação adicional). Armado e preparado, Ivan partiu, cruzando o limite entre a aldeia e a floresta proibida (6. Engano do herói), onde encontrou e foi traído por um falso amigo que tentou dissuadi-lo de sua missão (7. Cumplicidade).

Dentro da floresta, Ivan enfrentou várias provações: ele lutou contra bandidos (8. Vilania ou falta), salvou animais encantados (9. Mediação, o início da ação direta) e recebeu deles presentes mágicos como agradecimento (10. Contra-ação). Um desses animais, um pássaro falante, concordou em ajudá-lo a encontrar o castelo do dragão (11. Partida do herói).

Quando chegaram ao castelo, Ivan teve de superar uma série de armadilhas mágicas (12. Primeira função do doador), usando os presentes mágicos que recebera (13. Reação do herói). Com a ajuda do pássaro, ele conseguiu localizar a princesa (14. Obtenção do objeto mágico), mas foi confrontado pelo dragão (15. Deslocamento para outro lugar).

A luta foi intensa e perigosa (16. Luta), mas Ivan, utilizando a espada mágica, conseguiu derrotar o dragão, marcando (17. Marcação) e provando sua identidade como o salvador da princesa (18. Vitória). Ele então a libertou de sua prisão (19. Liquidação da falta ou da vilania), e juntos, iniciaram a jornada de volta ao reino (20. Retorno).

Durante o caminho de volta, Ivan e a princesa foram perseguidos por inimigos do reino (21. Perseguição), mas conseguiram escapar graças aos presentes mágicos e à astúcia de Ivan (22. Socorro). Ao chegarem ao reino, Ivan foi inicialmente recebido com desconfiança (23. Chegada não reconhecida), mas logo provou sua identidade ao mostrar a espada que derrotou o dragão e a marca que o vinculava à profecia do salvador (24. Pretensão injusta).

O rei, reconhecendo Ivan como o herói da profecia (25. Tarefa difícil), concedeu-lhe a mão da princesa em casamento (26. Solução). Ivan e a princesa se casaram em uma grande festa que uniu todo o reino (27. Reconhecimento), e Ivan foi nomeado o novo herdeiro do trono (28. Exposição).

O falso amigo que havia traído Ivan foi desmascarado e punido (29. Transfiguração), enquanto Ivan e a princesa viveram felizes para sempre, governando o reino com sabedoria e

Quarta Lição

justiça (30. Punição). E assim, a história de Ivan se tornou uma lenda no reino, celebrada por gerações (31. Casamento).

Claro, esta história é um exagero típico de um aprendiz no início de sua jornada, mas a intenção por trás dela é evidente. Agora, observe como utilizamos um pouco mais de habilidade, selecionando cuidadosamente o que incluir, o que deixar de lado, e os tons que daremos a cada sílaba, a cada palavra, a cada frase para CONSTRUIR uma história que possa ter um uso efetivo dentro dos objetivos a que se destina. Por exemplo, criei esta história, ou melhor, este episódio, para demonstrar como se faz escolhas dentro de um paradigma proposto, mas que não deve ser seguido de maneira rígida, como o meu aluno tentou fazer durante o curso.

Esta história, então, simplificada busca seguir a sequência das 31 funções narrativas de Propp, demonstrando como podem ser aplicadas em uma história coesa e tradicional.

Reconhece essas linhas do episódio que abriu esta lição?

> **NOTA:**
> *Os textos analisados a seguir, nesta demonstração e nas subsequentes, correspondem sempre aos originais, à primeira versão. Antes da publicação, a história é submetida a revisões que podem alterar, minimamente ou de forma significativa, a versão inicial. A análise deve ser realizada no texto ORIGINAL, pois é a partir dela que se derivará a 'edição final publicada'.*

— Odeio ter que te trazer más notícias, James, mas infelizmente precisamos encarar a realidade — disse a gerente de recursos humanos. **(Afastamento)**

— São notícias — retorqui. Quando cheguei de Timor, senti a tensão. Mas, estou inconformado com a morte da Mary Linn. **(Proibição)**

— A família é católica, a Mary Linn não era religiosa. E não viveu para ver a falência desta editora aqui na Escócia. **(Violação da proibição)**

— Não é falência, vamos fechar aqui e transferir para a matriz em Santa Monica. **(Informação adicional)**

No elevador, minha secretária e os editores me esperavam. **(Reconhecimento)**

— Algo está errado? — perguntou a secretária. **(Engano)**

— Sim, algo está muito errado. Para todos nós. **(Cumplicidade do herói)**

— E agora, James? — ela perguntou. **(Mediação: o início da ação direta)**

No meu escritório, as caixas de papelão já me aguardavam. Duas bastariam. Nada ali era realmente meu. **(Doação mágica)**

Lá fora, encontrei duas pessoas desconhecidas: uma mulher oriental e um homem loiro, ambos com expressões gentis. **(Função do doador)**

— Conheço você — disse ele. **(Reação do herói)**

— Foi em Atlanta. Você nos indicou um mentor, que foi excelente. Nosso livro foi publicado graças a ele — disse o homem. **(Marcação)**

— Mas não vendeu bem — ela adicionou. **(Dificuldade)**

Eles vieram buscar um cheque, finalizando seu contrato conosco. Decidiram mudar para ficção. **(Liquidação)**

Saí abraçado à minha caixa, tentando não escorregar na chuva. Não havia mais nada para mim: nem carreira, nem sonhos, nem Mary Linn. **(Retorno)**

Corri e escorreguei, caindo de costas. Levantei e caí novamente. **(Perseguição)**

Naquela noite, enquanto ainda estava estirado no chão, imaginei atravessar o quarto e observar a neve cair. Meu mundo havia ruído. E eu com ele. Será que a resposta para o alívio da dor estaria nos dramas que editei? **(Resgate do objeto mágico)**

Esta tentativa de mapeamento demonstra como os elementos da história podem refletir algumas das funções de Propp, ainda que de forma não literal ou completa. As histórias contemporâneas muitas vezes mesclam, adaptam ou omitem certas funções para atender às suas necessidades narrativas específicas, como, no planejamento da história do James / Jimmy, fiz.

Mas eu aplico um truque que enriquece a narrativa, criando uma ilusão indelével de realidade: além de usar Propp, incorporo também as ideias de Campbell. Isso significa que, para o leitor (ou qualquer outro receptor da história, um cliente, por exemplo), os elementos dramáticos com que estruturo a minha história permanecem ocultos, e a situação, por mais simples que pareça, carrega esse toque de realidade. Afinal, no mundo real, tudo se entrelaça; esses elementos coexistem e se manifestam simultaneamente dentro de todas as histórias!

Veja <u>como eu planejei e como integrei</u> os elementos da Jornada do Herói na história fornecida, por assim dizer, baseada na estrutura proposta por Propp. Os elementos da JDH que usei estão identificados entre parênteses:

```
Embora 1999 tenha sido ruim, nada teria me preparado para
o ano 2000.

— Odeio ter que te trazer más notícias, James, mas infe-
lizmente precisamos encarar a realidade — disse a gerente de
recursos humanos.
```
(mundo comum)

```
— São notícias — retorqui. Quando cheguei de Timor, senti
a tensão. Mas, estou inconformado com a morte da Mary Linn.
```
(Chamado à aventura)

```
— Mary vem de família Católica. Para a família, saber que
ela está em paz…

— A família é católica, a Mary Linn não era religiosa. E
não viveu para ver a falência desta editora aqui na Escócia.
```
(Recusa do Chamado)

```
— Não é falência, vamos fechar aqui e transferir para a
matriz em Santa Monica.

— Sei…

No elevador, minha secretária e os editores me esperavam.

— Algo está errado? — perguntou a secretária.
```

— Sim, algo está muito errado. Para todos nós. **(Cruzamento do Primeiro Limiar)**

— Eu faço a ata — eu disse, e logo corrigi que não haveria mais atas.

Todos já sabiam do fechamento, embora esperassem que não fosse verdade. **(Provas, Aliados e Inimigos)**

— E agora, James? — ela perguntou.

— E agora não sei. Isto é tudo o que fiz na vida. **(Aproximação da caverna mais profunda)**

No meu escritório, as caixas de papelão já me aguardavam. Duas bastariam. Nada ali era realmente meu.

Quando terminei de encher a primeira caixa, só restavam poucos itens pessoais. Não precisaria de uma segunda caixa. **(Provação Suprema)**

Peguei meu casaco e saí. Pelo caminho, uma luz estroboscópica vermelha piscava, acompanhada por um som agudo. Não me importei(...)

Lá fora, encontrei duas pessoas desconhecidas: uma mulher oriental e um homem loiro, ambos com expressões gentis. **(Recompensa)**

— Conheço você — disse ele.

— Você ministrou uma oficina de edição em que estávamos — ela completou. **(O Caminho de Volta)**

— Foi em Atlanta. Você nos indicou um mentor, que foi excelente. Nosso livro foi publicado graças a ele — disse o homem.

— Mas não vendeu bem — ela adicionou.

Eles vieram buscar um cheque, finalizando seu contrato conosco. Decidiram mudar para ficção. **(Ressurreição do Herói)**

— Para que editora você vai agora? — ele perguntou.

Não respondi. Ele me deu seu contato, caso conhecesse outro mentor. **(Retorno com o Elixir)**

Saí abraçado à minha caixa, tentando não escorregar na chuva. Não havia mais nada para mim: nem carreira, nem sonhos, nem Mary Linn.

Quarta Lição

Corri e escorreguei, caindo de costas. Levantei e caí novamente.

Naquela noite, enquanto ainda estava estirado no chão, imaginei atravessar o quarto e observar a neve cair. Meu mundo havia ruído. E eu com ele. Será que a resposta para o alívio da dor estaria nos dramas que editei? (gancho para a continuação do episódio, isto foi planejado mais tarde, usando a 'jornada' proposta por propp, que lhe apresentarei anteriormente — nem sempre uma jornada basta para manter o público atento!)

Observe que utilizei os elementos em momentos ligeiramente distintos, é como se fossem duas histórias sendo "narradas" simultaneamente. Isso confere um aspecto aleatório aos eventos. A atenção da audiência deve concentrar-se na história, e não na estrutura, exatamente como procedemos na vida real.

Portanto, escolhi, neste episódio, utilizar também a JORNADA DA FELICIDADE. Existem muitas variantes dessa 'jornada', mas optei pela mais simples, que cabe mostrar neste livro como exemplo das possibilidades. Observe que eu disse ESCOLHI. Pois tudo é uma escolha, e escolhas arriscadas. Quem me garante que você gostou? Quem me garante que o efeito foi exatamente o que eu pretendia, a ponto de, ao ler esses episódios, você ficar em dúvida se se trata de uma ilusão de realidade ou se realmente aconteceu? Ou, pelo menos, aconteceu de forma semelhante?

Mas, antes de apresentar a Jornada da Felicidade, gostaria de falar um pouco mais sobre imagens. A semiótica, essencial na criação de boas histórias, está sempre presente, já que cada experiência é única e a forma como a processamos e interpretamos através de imagens e sensações varia significativamente entre os indivíduos. Essa variação é influenciada por nossas histórias de vida, crenças, estado emocional no momento, entre muitos outros fatores que não são abordados aqui, pois estão fora do escopo deste livro, mas que explorei nos três volumes anteriores da série 5 Lições de Storytelling.

É importante mencionar, para aqueles que já leram os livros anteriores, e também esclarecer para quem está começando por este, que ao vivenciar um episódio em nossas vidas, nos deparamos com uma gama complexa e multifacetada de imagens e sensações, as quais podem ser categorizadas de várias formas:

1. **Imagens Concretas:** São as percepções visuais diretas do ambiente ao nosso redor. Por exemplo, ao assistir a um pôr do sol, as imagens concretas incluem a visão do sol descendo no horizonte, as cores vibrantes no céu, as silhuetas das árvores ou prédios em contraste com o céu iluminado.

2. **Imagens Abstratas:** Podem não ser visualizações diretas, mas interpretações ou percepções que derivam de elementos mais concretos. Continuando com o exemplo do pôr do sol, uma imagem abstrata poderia ser a sensação de calma ou serenidade que ele evoca, ou a ideia de ciclo e renovação que o pôr e o nascer do sol simbolizam.

3. **Imagens Concretas na Imaginação:** Essas são visualizações de elementos concretos que não estão presentemente visíveis, mas são imaginados. Por exemplo, ao ver o pôr do sol, você pode imaginar um lugar específico onde gostaria de estar assistindo-o, como uma praia tranquila ou um campo aberto.

4. **Imagens Abstratas na Imaginação:** São conceitos ou ideias abstratas que você imagina ou reflete sobre, que não têm uma representação visual direta. E ainda usando o pôr do sol como exemplo, isso pode incluir refletir sobre a natureza passageira do tempo ou a beleza intrínseca do universo.

5. **Imagens Sensoriais:** Além das visuais, incluem percepções captadas pelos outros sentidos: o som das ondas do mar ou do vento nas folhas, o cheiro da maresia ou da grama, a sensação do vento em sua pele, ou o gosto salgado do ar perto do oceano.

6. **Imagens Extrassensoriais:** Estas são percepções ou sensações que transcendem os cinco sentidos físicos. Podem incluir sentimentos profundos de conexão com algo maior que si mesmo, intuições súbitas, ou mesmo experiências espirituais ou transcendentais que são difíceis de descrever em termos concretos ou sensoriais.

Sempre recorro a essa prática quando estou planejando uma história, seja ela um breve episódio para exemplificar uma lição deste livro, ou ao escrever um romance, como "Interlúdio" (Ed. Abajour), um livro infantil, a série "Daniela" (Ed. MQP), ao oferecer consultoria para uma série da Netflix, como "Country Queen" (A Rainha da Vila), para uma peça de teatro, como "O Livro de Tatiana", ou mesmo ao criar histórias em formato de atrações, entre elas, lojas e espaços de restauração, ou brinquedos para um parque de diversões, como o Snowland, em Gramado, Brasil. Cada experiência é única e a maneira como processamos e interpretamos essas imagens e sensações varia significativamente entre os indivíduos, sendo influenciada por nossas histórias de vida, crenças, estado emocional no momento e muitos outros fatores.

Então, permita-me apresentar agora a Jornada da Felicidade e, em seguida, demonstrar como ela se manifesta (ainda que de maneira invisível para você, leitor) no episódio que inaugura esta quarta lição. A Jornada da Felicidade não possui um "autor" específico; ela foi desenvolvida pelo meu estúdio na Inglaterra, o McSill Story Studio, alguns anos atrás para auxiliar no meu trabalho. Atualmente, com as variações que acumulamos ao longo dos últimos 12 anos, é amplamente utilizada pela McSill Media em Portugal e pela McSill Media no Japão. Respeitando as diferenças culturais, a Jornada da Felicidade pode ser compreendida como um processo contínuo de busca e realização pessoal, que envolve o reconhecimento e a valorização das alegrias, desafios e aprendizados ao longo da vida. Embora a concepção de felicidade varie de pessoa para pessoa, apresento aqui uma abordagem geral que pode ser adaptada às experiências e aspirações individuais.

1. **Autoconhecimento:** A jornada começa com o entendimento de si mesmo, reconhecendo seus valores, paixões e objetivos. Isso envolve uma reflexão profunda sobre o que realmente te faz feliz e satisfeito.
2. **Gratidão:** Praticar a gratidão ajuda a apreciar o que você já tem e as experiências pelas quais passou. Isso pode incluir desde momentos simples do dia a dia até grandes realizações.
3. **Conexões Positivas:** Estabelecer e nutrir relacionamentos significativos com família, amigos e a comunidade é fundamental. As conexões humanas oferecem suporte, amor e alegria em nossa jornada.
4. **Crescimento Pessoal:** Envolve a busca por aprendizado, desenvolvimento de habilidades e superação de desafios. O crescimento pessoal não apenas nos torna mais capazes, mas também contribui para a nossa sensação de realização.

5. **Saúde Física e Mental:** Cuidar do corpo e da mente é essencial para o bem-estar geral. Isso inclui alimentação saudável, exercícios regulares, sono adequado e práticas de mindfulness ou meditação.
6. **Propósito e Contribuição:** Encontrar um propósito maior, algo que transcenda os interesses pessoais, e contribuir para o bem-estar dos outros pode trazer uma profunda sensação de satisfação e felicidade.
7. **Resiliência e Aceitação:** Desenvolver a capacidade de lidar com adversidades, aceitar as coisas que não podemos mudar e aprender com as experiências é crucial para manter uma perspectiva positiva.
8. **Presença e Apreciação:** Viver o momento presente, apreciando as pequenas alegrias e beleza ao redor, pode aumentar significativamente a nossa felicidade diária.
9. **Flexibilidade e Abertura a Mudanças:** A vida é dinâmica e imprevisível. Estar aberto a mudanças e adaptar-se flexivelmente às novas circunstâncias pode ajudar a manter o equilíbrio e a encontrar novas fontes de felicidade.
10. **Celebração de Vitórias e Aprendizados:** Reconhecer e celebrar as conquistas, assim como refletir sobre os aprendizados de situações menos favoráveis, reforça uma atitude positiva e agradecida perante a vida.

A Jornada da Felicidade é, portanto, um caminho contínuo de autoexploração, aprendizado e adaptação, onde a busca pela felicidade não é um destino final, mas um modo de viajar pela vida.

E como usei isto para dar tridimensionalidade emocional à historinha?

Pois bem, com base na estrutura da "Jornada da Felicidade", associo aqui as passagens específicas do texto aos elementos dessa jornada. Claro, algumas associações podem ser mais implícitas ou interpretativas devido à natureza do enredo e à extensão do episódio. No entanto, ao planejar, escrever e editar, esses elementos estão sempre presentes. No passado, eu tinha um cartaz na parede com todas as 'jornadas'; hoje, utilizo o manual operacional do McSill Studio, e estamos desenvolvendo um software que, por meio de Inteligência Artificial, em breve, irá alinhar e entrelaçar estruturas e jornadas conforme escrevemos a história ou no momento da edição.

Veja, então, como ficou, ainda sem usar o nosso software:

1. Autoconhecimento:

"[...] confesso, inconformado com a morte da Mary Linn [...]" reflete uma introspecção e reconhecimento dos próprios sentimentos do protagonista.

2. Gratidão:

A história não apresenta diretamente expressões de gratidão, mas a **lembrança dos momentos passados e das pessoas com quem interagiu espera-se que possa ser interpretada como uma sublimação da gratidão.**

3. Conexões Positivas:

"onde a minha secretária e o grupo de editores que trabalhavam comigo me esperavam." Esta passagem sugere a existência de relações significativas no ambiente de trabalho.

4. Crescimento Pessoal:

O texto, em sua essência, está mais focado nas perdas e transições, não detalhando explicitamente o crescimento pessoal, mas *o contexto de mudança implica uma futura oportunidade* para tal.

5. Saúde Física e Mental:

O estresse e a ansiedade vividos pelo protagonista, embora não diretamente ligados ao autocuidado, ressaltam a importância da saúde mental.

6. Propósito e Contribuição:

A menção ao trabalho editorial e ao impacto potencial dos livros sugere um propósito subjacente relacionado à contribuição cultural ou educacional.

7. Resiliência e Aceitação:

"[...] **todos já sabiam, embora ela e a grande maioria não queria acreditar.**" Esta linha indica um processo de aceitação coletiva das mudanças iminentes.

8. Presença e Apreciação:

A história não oferece um exemplo claro de apreciação do momento presente, dada a predominância do ***tema das perdas, criando um elemento de SUSPENSE quanto ao que vai acontecer nos próximos episódios*** (deixar uma lacuna e retomá-la de forma contundente mais tarde é uma técnica que funciona extremamente bem em séries para o streaming, como as do Harlan Colben para a Netflix.

9. Flexibilidade e Abertura a Mudanças:

"[...] A editora está de mudança para a Califórnia e não vou." Apesar da resistência inicial, essa decisão aponta para uma eventual abertura a novos caminhos.

10. Celebração de Vitórias e Aprendizados:

O texto não detalha momentos de celebração, mas o ***encerramento do episódio sugere a preparação para futuros reconhecimentos e reflexões sobre os aprendizados adquiridos.***

Observe o 'truque' — a técnica —, o texto do episódio se concentra mais nas dificuldades enfrentadas pelo Jimmy / James do que na exploração explícita dos elementos da "Jornada da Felicidade". No entanto, pelas entrelinhas e pela estrutura da narrativa, é possível inferir a presença desses elementos como base para o desenvolvimento pessoal e a superação de desafios. Como resultado, o protagonista assemelha-se a você, ou como você gostaria de ser! Não é incrível como, com um pouco de prática, conseguimos criar realidades paralelas e a ilusão de que o público 'enxerga' o que se passa em três dimensões, transformando-se numa história estereoscópica em vez de algo meramente bidimensional?

Como você pode ver, a realidade não é pintada apenas com uma ou duas cores, mas com três. Da mesma forma, é como se tecêssemos a realidade com três linhas distintas. As cores representam o que se vê na história (o exterior), enquanto as linhas representam o que se sente com a história (o interior). As cores resultam em todos os matizes perceptíveis aos olhos humanos, mas isso se estende a todos os cinco sentidos. Já quando os três fios se entrelaçam e são bem amarrados no final, formam uma corda emocional forte, muito mais intensa do que aquela percebida pelos cinco sentidos, pois somos seres emocionais. Raramente nos vemos por fora o tempo todo, mas nos percebemos por dentro 24 horas por dia — sim, até mesmo quando dormimos, estamos processando nosso interior. As três cores e as três linhas são suficientes para que o público mergulhe profundamente na realidade que você criou para sua história. No entanto, é claro que é possível entrelaçar mais linhas — mais jornadas —, ou uma história na outra, e assim por diante, indefinidamente. Mas isso pode se tornar tão complexo a ponto de não ser mais perceptível, de não haver orçamento que suporte tal esforço ou de a história perder seu propósito inicial. O mundo real é complexo, mas nem sempre precisa ser tão complicado. Fascinante, não é mesmo?

Como este livro trata de storytelling sob a ótica do tripé que sustenta as histórias contadas pela nossa espécie — felicidade, influência e sucesso —, ou seja, sobre ser bem-sucedido para alcançar a felicidade, ser influente para induzir mudanças que nos auxiliem em algo que contribuirá para alcançarmos nossa felicidade e, por fim, alcançarmos sucesso em si, que é o prazer de sair da escuridão para a luz, da pobreza à riqueza, do desconforto ao bem-estar. Vou demonstrar agora apenas mais uma "jornadinha" que entrelacei neste texto, a qual chamamos de Jornada do Sucesso, que não tem nada a ver com os modelos genéricos frequentemente usados em marketing e que produzem aqueles emails horríveis que enchem nossa caixa de spam.

Confira o que eu fiz (esta demonstração é apenas para saciar a sua curiosidade)!

A jornada do sucesso, conforme delineada, pode ser sutilmente identificada na narrativa, mesmo em meio a eventos aparentemente negativos. Aqui estão passagens do texto onde os elementos dessa jornada emergem, ilustrando como a busca pelo sucesso emocional e pessoal permeia a história:

1. Autoconhecimento Emocional:

"*confesso, inconformado com a morte da Mary Linn*" mostra uma introspecção sobre suas emoções, indicando um momento de autoconhecimento emocional.

2. Aceitação:

Embora o texto não apresente explicitamente a aceitação de emoções, ***o protagonista enfrenta suas realidades difíceis, sugerindo uma forma de aceitação implícita.***

3. Regulação Emocional:

A maneira como o protagonista lida com as notícias devastadoras, mantendo-se funcional e tomando decisões, reflete uma regulação emocional em meio a desafios.

4. Resiliência:

A capacidade do protagonista de continuar, apesar das más notícias e da incerteza sobre o futuro, demonstra resiliência emocional.

5. Conexão e Empatia:

A interação com a secretária e os colegas, mesmo em momentos de mudança, indica a busca por conexões significativas baseadas em empatia.

6. Gratidão e Positividade:

O reconhecimento tácito das experiências passadas, mesmo sem expressar gratidão explicitamente, pode ser visto como um esforço para manter uma perspectiva positiva.

7. Propósito e Significado:

A dedicação ao trabalho editorial e a preocupação com o impacto dos livros sugerem uma busca por propósito e significado na carreira e vida.

8. Autocompaixão e Gentileza:

A história não detalha diretamente autocompaixão ou gentileza consigo mesmo, mas *a reflexão interna sugere um momento de introspecção e cuidado pessoal.*

9. Celebração e Compartilhamento:

A história não chega a um ponto de celebração, mas *a menção aos autores e sua obra publicada aponta para a importância do compartilhamento e da celebração de conquistas, mesmo que sejam dos outros.* (que é mais emocionante do que se fosse dele mesmo!)

10. Reflexão e Crescimento Contínuo:

A reflexão sobre as mudanças iminentes e a aceitação de um novo caminho implicam um processo de reflexão e potencial crescimento contínuo.

Embora a história mostrada no episódio se concentre em desafios e transições difíceis, os elementos da Jornada do Sucesso, particularmente no que diz respeito ao desenvolvimento emocional e pessoal, estão entrelaçados na trama. A capacidade do protagonista de navegar por esses desafios reflete a essência de quem ele é e do que pode vir a conseguir, destacando a importância do equilíbrio emocional, da resiliência e, por consequência, demonstra o seu crescimento pessoal. Quando editei as suas interações, reflexões e a maneira como enfrenta as mudanças indiquei a sua jornada em direção ao sucesso pessoal, ilustrando a complexidade e a multifacetada natureza dessa busca. Como me chamo James e você sabe que escrevo este livro daqui da Escócia, você tem a ilusão de que no Jimmy/James sou eu e que o episódio é autobiográfico. Se consegui criar esta ilusão, volte ao prefácio do livro e veja quem o escreveu!

PAPINHO EXTRA, MAS QUE PODE INTERESSAR

Papinho 1

Há quem já tenha percebido que entrelacei a Jornada da Felicidade e a Jornada do Sucesso e esteja se perguntando: e quanto à Jornada da Influência?

Como mencionei, existe uma jornada para tudo, e prometo um dia publicar o manual operacional do McSill Studio gratuitamente, on-line para consultas e feedback, talvez para celebrar meus 50 anos de carreira. Por enquanto, para completar esta lição, sim, existe uma Jornada da Influência. E aqui está ela — resumidinha:

Jornada da Influência
(excerto do nosso manual operacional, ©McSill Studio-UK)

Aumentar a influência pessoal e encantar pessoas envolve desenvolver habilidades interpessoais, compreender os outros profundamente e comunicar-se de forma eficaz e verdadeira. Os passos essenciais incluem autoconhecimento e autenticidade, empatia, comunicação eficaz, construção de relacionamentos positivos, inspiração e motivação, integridade e confiança, adaptabilidade e sensibilidade cultural, desenvolvimento contínuo de competências, liderança pelo exemplo, estar aberto a feedback e reflexão, e celebrar os sucessos dos outros. Esses elementos são fundamentais para criar conexões genuínas, ganhar confiança e influenciar positivamente aqueles ao seu redor.

1. Autoconhecimento e Autenticidade
2. Compreensão e Empatia
3. Habilidades de Comunicação Eficazes
4. Construção de Relacionamentos Positivos
5. Inspirar e Motivar
6. Integridade e Confiança
7. Adaptabilidade e Sensibilidade Cultural
8. Desenvolvimento de Competências
9. Liderança pelo Exemplo
10. Feedback e Reflexão
11. Celebração dos Sucessos dos Outros

Também sei que há quem esteja se perguntando: "Ah! Eu não tenho acesso ao seu manual, como faço então?" Sugiro que faça como eu fiz: sua empresa não é a minha, os seus clientes não são os mesmos, e os motivos e contextos pelos quais você precisa usar histórias devem ser diferentes dos meus e do McSill Studio. O ambiente em que opero é internacional, abrangendo várias línguas e culturas. Talvez este não seja o seu caso ainda. Então, que tal começar a criar o seu próprio manual operacional?

Tudo isso estava na minha cabeça quando comecei a trabalhar com histórias? Eu criei um manual antes de abrir minha empresa? Claro que não. Pobre de mim! Comecei criando histórias lineares, depois passei para as bidimensionais e fui avançando. E fui anotando, criando um manual que serve para mim e para quem trabalha comigo. Claro que pretendo compartilhar, mas terei de retirar o contexto e os casos, pois a maioria é privada — se não está no Google ou nas redes sociais, é porque o cliente pede discrição. Sim, isto e muito mais! Por ora, leia os livros desta série, 5 Lições de Storytelling, leia-os e estude. Escreve para mim! Venha conversar. Quer criar algo de valor para você e para a sua empresa? Comece hoje e vá ajustando!

Papinho 2

Vamos falar de Maureen Murdock?

Sim! Não é só de Campbell, de Propp e de truques de copywriting que vive o Storytelling. Temos também, a Jornada da Heroína, cada vez mais relevante e que não podemos ignorar, principalmente se vamos produzir histórias de influência e sucesso. O conceito da Jornada da Heroína surgiu nos anos 80 e 90, dentro do movimento de psicologia feminista e estudos de mitologia. Maureen Murdock, terapeuta e estudante de Campbell, sentiu a necessidade de uma história que abordasse a experiência feminina de forma mais completa e profunda. Ela propôs a Jornada da Heroína em seu livro "The Heroine's Journey: Woman's Quest for Wholeness" (1988), no qual descreve uma estrutura de jornada que reflete as questões internas e a busca pela identidade própria que muitas mulheres enfrentam.

Passos da Jornada da Heroína

1. **Separação da Feminilidade Tradicional:** A heroína começa insatisfeita ou limitada pelos papéis tradicionais femininos, sentindo que algo está faltando em sua vida.
2. **Identificação com o Masculino e Rejeição do Feminino:** Ela abraça qualidades e papéis masculinos, muitas vezes rejeitando o feminino por percebê-lo como fraco ou subjugado.
3. **Iniciação e Descida:** A heroína enfrenta desafios que a levam a uma "descida" psicológica ou espiritual, onde ela confronta sua sombra e aspectos ocultos de si mesma.
4. **Morte Simbólica e Enfrentamento do Poder Patriarcal:** Ela experimenta uma morte simbólica de sua antiga identidade e pode confrontar diretamente o poder patriarcal ou as estruturas que a limitavam.
5. **Encontro com a Deusa / O Divino Feminino:** A heroína encontra o aspecto feminino divino, reconectando-se com sua essência e o poder feminino.

6. **Reconciliação com o Feminino:** Ela aprende a valorizar e integrar o feminino em sua vida, vendo-o como uma fonte de força e sabedoria.
7. **Reconciliação com o Masculino:** Também ocorre a reconciliação com os aspectos masculinos, encontrando um equilíbrio saudável entre o masculino e o feminino.
8. **União dos Opostos:** A heroína integra os aspectos masculinos e femininos de si mesma, alcançando um estado de inteireza.
9. **Retorno para Casa / Compartilhar o Elixir:** Finalmente, ela retorna para sua comunidade ou mundo com uma nova compreensão para compartilhar, muitas vezes com o objetivo de curar ou restaurar o que estava quebrado.

A Jornada da Heroína, na minha opinião, não é apenas um caminho de autoconhecimento e integração para mulheres, mas um modelo universal que pode oferecer insights profundos sobre a experiência humana, promovendo a cura e a inteireza para pessoas de todos os gêneros. Essa abordagem, porém, é criticada por grupos religiosos, incluindo igrejas evangélicas e comunidades muçulmanas, por razões que podem variar amplamente dependendo da interpretação teológica, da visão de mundo e da cultural local. No entanto, é importante notar que essas críticas não são universais dentro dessas religiões, refletindo mais frequentemente perspectivas de subgrupos ou interpretações individuais.

Aqui estão algumas razões potenciais para a crítica para que você tome cuidado ao abertamente usar a Jornada da Heroína em países como Brasil, EUA, Hungria, Polônia e tantos outros que, ainda que democráticos, vivem sob pressão do conservadorismo extremista:

✓ **Divergências com Papéis de Gênero Tradicionais**

Algumas interpretações religiosas conservadoras podem ver a "Jornada da Heroína" como um desafio aos papéis de gênero tradicionais, especialmente se a jornada enfatizar a autonomia feminina, a autoexpressão e a quebra de normas tradicionais que limitam as mulheres a certos papéis sociais ou familiares.

- ✓ **Foco na Individualidade e Autorrealização**

  A ênfase na autodescoberta e na realização pessoal pode entrar em conflito com interpretações religiosas que valorizam a submissão a uma vontade divina, o sacrifício pessoal em prol da comunidade ou da família, ou que veem a jornada espiritual primariamente em termos de conformidade com doutrinas e práticas estabelecidas.

- ✓ **Representações de Feminilidade e Poder**

  A "Jornada da Heroína" pode incluir temas de empoderamento feminino que desafiam visões conservadoras sobre a autoridade e o poder feminino, especialmente em contextos religiosos que mantêm interpretações estritas sobre a liderança masculina dentro de estruturas familiares e comunitárias.

- ✓ **Potencial para Interpretações Heterodoxas**

  Em alguns casos, a "Jornada da Heroína" pode incorporar ou ser interpretada de maneiras que integram conceitos espirituais ou religiosos fora das tradições ortodoxas dessas comunidades, levando a críticas de sincretismo ou de desvio das crenças aceitas. É importante para os praticantes e estudiosos do Storytelling entender essas críticas dentro de um contexto mais amplo de diálogo intercultural e inter-religioso. A narrativa e a jornada pessoal, seja ela a "Jornada do Herói" ou a "Jornada da Heroína", aqui repito, oferecem oportunidades ricas para explorar temas universais de crescimento, desafio e transformação. Promover um entendimento mais profundo desses conceitos pode ajudar a criar pontes entre diferentes perspectivas culturais e religiosas, reconhecendo a diversidade nas interpretações e práticas do Storytelling.

Exercícios extra 1

Neste estudo de caso, podemos identificar vários elementos da Jornada da Heroína de Maureen Murdock, estruturados em torno da experiência de Ana e sua equipe ao criarem e lançarem uma empresa de tecnologia inovadora. O texto a seguir foi produzido por uma aluna participante de um dos cursos que ministro para a B!Storytelling, no Brasil. A história é simples e foi a sua primeira tentativa. No texto, tente identificar os passos da Jornada da Heroína. Se desejar, use um lápis para marcar:

CASE-STUDY

Ana se levantou do seu computador e esfregou os olhos cansados. As linhas de código na tela começavam a embaçar depois de outra noite em claro trabalhando em seu sonho. Uma empresa de tecnologia que poderia mudar o mundo.

Ela olhou para a xícara de café vazia ao lado do teclado e suspirou. Ainda havia tanto a fazer. Mas a visão daquele futuro brilhante a impulsionava, apesar dos obstáculos.

Ana reuniu sua pequena equipe naquela manhã. Olhando em seus rostos determinados, ela se encheu de orgulho. Eles tinham caminhado juntos por essa jornada árdua, superando cada desafio.

"Chegou o momento," ela disse com um sorriso cansado. "Todo nosso trabalho duro finalmente valeu a pena. Hoje vamos mostrar ao mundo o poder da nossa visão."

O dia do lançamento amanheceu ensolarado e cheio de esperança. Ana observou o brilho nos olhos das pessoas quando experimentavam seu produto. Risadas e sorrisos verdadeiros. Ela tinha realizado seu sonho de melhorar a vida dos outros.

Lágrimas brotaram quando Ana abraçou sua equipe. Gratidão transbordava em seu peito por nunca desistirem, mesmo nos dias mais sombrios. Juntos, eles haviam alcançado o sucesso e encontrado um propósito maior.

Então?

Espero que tenha tentado identificar e marcar os passos antes de ver as respostas que se seguem:

QUARTA LIÇÃO

CASE-STUDY (ANÁLISE)

Separação da Feminilidade Tradicional *(Ana se levantou do seu computador e esfregou os olhos cansados. As linhas de código na tela começavam a embaçar depois de outra noite em claro trabalhando em seu sonho. Uma empresa de tecnologia que poderia mudar o mundo.)*: Ana está claramente em uma posição não tradicionalmente feminina, liderando uma startup de tecnologia e dedicando noites em claro ao seu sonho.

Identificação com o Masculino e Rejeição do Feminino *(Ela olhou para a xícara de café vazia ao lado do teclado e suspirou. Ainda havia tanto a fazer. Mas a visão daquele futuro brilhante a impulsionava, apesar dos obstáculos.)*: Ana está imersa em um mundo dominado por qualidades tradicionalmente vistas como masculinas, como liderança e inovação tecnológica, e enfrenta a pressão e os desafios desse ambiente.

Iniciação e Descida *(Ana reuniu sua pequena equipe naquela manhã. Olhando em seus rostos determinados, ela se encheu de orgulho. Eles tinham caminhado juntos por essa jornada árdua, superando cada desafio.)*: A jornada de Ana e sua equipe até o momento do lançamento é marcada por desafios que testam sua determinação e criatividade.

Morte Simbólica e Enfrentamento do Poder Patriarcal: Embora não mencionado explicitamente, o contexto sugere que Ana teve de enfrentar e superar expectativas de gênero e obstáculos em um setor dominado por homens.

Encontro com a Deusa / O Divino Feminino *("Chegou o momento," ela disse com um sorriso cansado. "Todo nosso trabalho duro finalmente valeu a pena. Hoje vamos mostrar ao mundo o poder da nossa visão.")*: Este momento de realização e reconhecimento do valor de seu trabalho pode ser visto como um encontro simbólico com o "Divino Feminino", onde Ana reconhece o poder e o valor de sua visão e criatividade.

Reconciliação com o Feminino *(O dia do lançamento amanheceu ensolarado e cheio de esperança. Ana observou o brilho nos olhos das pessoas quando experimentavam seu produto. Risadas e sorrisos verdadeiros.)*: A realização do sonho de Ana e o impacto positivo de seu produto nas vidas das pessoas simbolizam a reconciliação com os aspectos femininos de cuidado, conexão e nutrição.

Reconciliação com o Masculino: Este elemento pode ser inferido através da liderança e determinação que Ana demonstra ao longo da jornada, equilibrando as qualidades masculinas e femininas dentro de si.

União dos Opostos (Lágrimas brotaram quando Ana abraçou sua equipe. Gratidão transbordava em seu peito por nunca desistirem, mesmo nos dias mais sombrios. Juntos, eles haviam alcançado o sucesso e encontrado um propósito maior.): O sucesso de Ana e a realização de seu sonho representam a união dos opostos, onde ela consegue equilibrar sua visão inovadora (masculino) com a gratidão e o cuidado para com sua equipe (feminino), encontrando um propósito maior.

Retorno para Casa / Compartilhar o Elixir: Não explicitamente mencionado, mas o sucesso do lançamento e a melhoria na vida dos outros pelo produto de Ana simbolizam o retorno "com o elixir", onde ela traz uma nova esperança e mudança para sua comunidade.

Nada mal para uma primeira tentativa!

Este estudo de caso demonstra particularmente como os elementos da Jornada da Heroína podem ser aplicados a histórias de superação, inovação e sucesso no mundo real, ilustrando a trajetória de uma mulher em busca de realizar seu sonho e impactar positivamente o mundo ao seu redor. No entanto, pode ser aplicado a qualquer história que envolva o feminino, mostrando que, cada vez mais, felicidade, influência e sucesso transcendem o gênero e pertencem a toda a espécie humana. Nas tramas de nossas vidas, todos somos heróis e heroínas em nossa jornada, sem distinção.

Exercícios extra 2

Com base nesses diálogos internos como inspiração, você seria capaz de criar uma história que utilize a Jornada da heroína?

1. Separação da Feminilidade Tradicional:

"Eu simplesmente não consigo me encaixar no que eles esperam que eu seja. Há mais em mim do que esta vida pequena."

2. Identificação com o Masculino e Rejeição do Feminino:

"Se ser forte significa agir como eles, então eu serei mais durona que qualquer um. Quem precisa de fragilidade feminina?"

3. Iniciação e Descida:

"Eu olhei no abismo, e ele olhou de volta para mim. Não há como fugir do que eu vi... do que eu sou."

4. Morte Simbólica e Enfrentamento do Poder Patriarcal:

"Eu não sou sua criação! Este é o fim da linha para o que você acha que eu deveria ser. Eu decido quem eu sou."

5. Encontro com a Deusa / O Divino Feminino:

"Você não está sozinha. A força que você busca está dentro de você, na sua verdadeira essência. Abrace-a."

6. Reconciliação com o Feminino:

"Eu vejo agora... Minha força não vem apesar da minha feminilidade, mas por causa dela."

7. Reconciliação com o Masculino:

"Não é sobre ser homem ou mulher. É sobre ser inteiro, abraçando todas as partes de mim."

8. União dos Opostos:

"Eu sou ambos, eu sou nenhum... Eu sou eu. E isso é mais poderoso do que qualquer rótulo ou expectativa."

9. Retorno para Casa / Compartilhar o Elixir:

"O que eu descobri sobre mim mesma... sobre nós... pode mudar tudo. Estou aqui para começar a cura, para nós todos."

Estes diálogos fictícios refletem a jornada interna e externa da heroína, desde a luta contra as expectativas impostas pela sociedade até a aceitação de sua própria identidade complexa e poderosa. Eles ilustram como um filme baseado na Jornada da Heroína pode explorar temas de autodescoberta, desafio aos papéis de gênero e a busca por inteireza e autenticidade.

Usei a palavra "fascinante" mais acima nesta lição, e aqui a invoco novamente. O universo das histórias, desde sua concepção até sua materialização e narração, é verdadeiramente fascinante. Ele me encanta porque, no storytelling, enquanto a lógica às vezes me diz que meus planos falharam, meu espírito, elevado e orientado pelas histórias, incita-me e infunde coragem para prosseguir nessa magnífica jornada que é a vida. Em cada história, um novo horizonte se desdobra, convidando-nos a explorar o vasto e maravilhoso mundo das possibilidades infinitas.

Agora chegou a hora de avançarmos...

"Ai, ai, ai", você deve estar pensando, "depois de tudo que me mostrou nesta lição 4, talvez esse James não seja bom da cabeça, com esse seu poder se saber de distorcer a realidade. Isto é normal?"

Olha só, quero que saiba que isso não é um poder, é técnica e necessidade. Desde tempos imemoriais, assim caminha a humanidade. Se você acha que não sou normal, pergunto: o que é ser normal, afinal? Uma frase que a minha avó adorava repetir era: "Não sou o que você pensa que sou. **Você** é que é o que pensa que sou". É para isso que existe essa arte e ciência chamada Storytelling, para que possamos, eticamente, usar essas habilidades que todos podem desenvolver. Assim, quando alguém pensa em "quem eu sou" ao visitar um mundo que criei e narrei com intensidade e fervor, pode se ver no meu lugar por alguns minutos. E, ao me trazer para a sua mente por meio das minhas histórias, pode se encantar, refletir sobre a vida, dando-se conta do que ele mesmo pode fazer para criar realidades com o propósito de influenciar outros a melhor perceberem o mundo em que vivem e serem felizes.

Assim como tenho feito por quase cinco décadas, meu objetivo tem sido ajudar os outros a encontrarem a sua própria felicidade, não a minha. Enfim, seja por meio de sátira, alusão ou alegoria, seja utilizando as dezenas de técnicas que apresentei a você até aqui, meu desejo é que possamos sempre enriquecer as nossas histórias, conferindo-lhes força, profundidade, crítica e significados complexos, mas de fácil compreensão.

É fácil?

Nunca realmente vou saber.

Mas, história após história; que seu próximo passo seja o início de uma jornada transformadora.

Hora de partir. Aperte o cinto!

Lição 5, lá vamos nós!

Reflita sobre essas questões antes de iniciar a quinta lição

- Por que as histórias seguem estruturas semelhantes através de culturas e épocas diferentes?
- Como as estruturas subjacentes das histórias refletem a psique humana?
- De que maneira as jornadas dos personagens espelham as jornadas pessoais dos leitores/ouvintes?
- Por que histórias com conflitos e resoluções claras são tão cativantes?
- Como a previsibilidade de certos arquétipos de histórias contribui para o seu impacto emocional?
- De que forma as histórias ajudam as pessoas a processar suas próprias experiências e emoções?
- Por que as histórias que exploram temas universais de amor, perda e redenção ressoam profundamente?
- Como os elementos de surpresa e reviravoltas enriquecem a experiência narrativa?
- De que maneira a estrutura "começo, meio e fim" das histórias reflete o ciclo da vida?
- Por que histórias com uma moral ou lição são importantes para a sociedade?
- Como as histórias servem como veículos para transmitir valores culturais e éticos?
- De que forma as histórias incentivam a empatia e a compreensão entre pessoas de diferentes contextos?
- Por que as jornadas dos heróis em histórias são tão inspiradoras para os leitores/ouvintes?
- Como as histórias se adaptam e evoluem para refletir as mudanças sociais e culturais?

Lição 5

"A história está errada se não te aproprias do teu próprio trabalho, és prisioneiro do dinheiro ou és forçado a um estado de estupidez."

McSill

Quinta Lição

A Noscilene e a Helena desembarcaram em Glasgow, vindas de Lisboa, mas eu não estava em casa para recebê-las. Elas chegaram mais tarde ao apartamento reclamando do calor e me contando que no pub da minha rua haviam sido interpeladas por um simpático admirador de brasileiras e portuguesas que insistia em querer saber porque diabos traziam malas ao pub. Helena me dizia que não era mulher de dar explicações, que deixou o interlocutor sem resposta, trocando o assunto para o clima.

E já estávamos no verão de 2021, que se prenunciava quente, agitado, depois do de 2020, que, com o mundo parado por uma pandemia, para bem dizer, não tinha acontecido.

Agora, na minha sala, eu e a Helena ainda discutíamos as condições do tempo na Europa, discussões em que Portugal sempre saía em vantagem, com uns dos melhores climas do mundo.

— A gente imagina a escócia chuvosa — emendou a Noscilene.

Em outras épocas, a Helena já havia visitado a Inglaterra e a Escócia, daí já saber o que esperar. A Noscilene, por outro lado, era marinheira de primeira viagem. O fato de terem retornado do pub no fim da noite e a 'noite' ainda ter sol era, para ela, uma experiência única.

— Com esses janelões só de vidraça, pode ficar bem calor — Noscilene apontava para as janelas da minha sala, construídas uns dois séculos antes da invenção da luz elétrica.

— Pode. Mas daqui a pouco arrefece. O problema é a luz. Sem cortinas é tão claro como dormir ao relento.

Noscilene percorreu com os olhos a janela que, sem dúvida, ia de um lado ao outro sala, como que a procura de folhas ou uma persiana que saísse de alguma ranhura e que a fechasse.

— É assim mesmo, Nô. Só vidraça — reforcei.

Helena levantou-se e espreitou pela janela e deu um passo atrás.

— Ficaram bem, pois — disse ela.

Helena de referia as cortinas, cujo tecido compramos em Lisboa e eu havia mandado confeccioná-las em Portugal numa costureira de confiança da minha amiga.

— A sala está decorada. No quarto, vou precisar da ajuda de vocês.

Instantes depois eu estava empoleirado numa escadinha estendendo o varão, onde penduraria a cortina do quarto. Ao terminar a tarefa, estaria terminada a decoração do apartamento.

Fazia um ano ou mais que eu havia comprado o meu apartamento em Glasgow, porém, por falta de tempo ou vontade de me equilibrar numa escada estando sozinho em casa, aproveitei a visita das amigas para pôr o ponto final na decoração do quarto. Eu chegava a Glasgow e o tempo voava, queria sempre ficar mais, mas passava uma semana ao mês, no máximo, naquele apartamento; dividia o meu tempo entre o meu apartamento em Portugal, a casa na Inglaterra e o apartamento de Porto Alegre, o meu refúgio ao sul do mundo, passando, quando dava, pelo meu cantinho no Japão.

Vinte e dois anos sem oficialmente morar na Escócia outra vez. Uma partida dolorida. Um retorno que me comovia só em falar. Duas amigas que encontrei na jornada, com quem nunca cheguei a discutir sobre Maria Olinda, a qual nem imaginavam ter, um dia, existido. Existência que eu também já tinha uma certa dificuldade de aceitar. A foto desbotada da Mary estava ali no meu quarto, mas meio a tantas outras penduradas às paredes, podia ser mais uma cara das celebridades com que eu trabalhava e que haviam se tornado meus bons amigos.

— Bem irregular, esta janela — prosseguiu Helena, como se eu tivesse falado alguma coisa antes.

Talvez tivesse, antes de a memória da Maria Olinda ter assolado a minha mente, e eu me ver viajando pelo mundo, de lembrar o quanto ela me estimava como melhor amigo, o quando eu a amava como mulher, o quanto tempo ela apertou a minha mão quando eu soube da morte súbita do meu pai. E de senti-la esmorecendo à minha frente em um hospital militar em Timor e sentir a sala vazia no seu funeral simples num inverno chuvoso. Depois, eu já em casa, peito em chamas, mergulhado num banho escaldante, conjeturando se morrer doeria mais do que passar a navalha nos pulsos ou se o corte rápido doeria mais do que a morte.

Eu não queria sofrer.

Mas sofria.

Porém, em outras primaveras, antes da visita das minhas amigas, enquanto passeava pelas ruas e parques da minha infância, talvez a luz, talvez a brisa, talvez a coloração das flores, talvez lembrar da Maria Olinda e eu pelas ruelas do Paquistão, conversando sobre o que é a verdadeira miséria, me traziam um alento. Naqueles becos sujos no outro lado do mundo, muito falávamos em sofrimento: o meu, o dela, o do povo escocês ainda na luta pela sua independência, o universal. Ela lusitanamente me dizia, certo cair de tarde, que sofrer, mesmo que lugar-comum, é parte do existir, que não era religiosa, mas encontrava Deus todos os dias no rosto de quem sofria, nos rostos de quem dela precisasse, nos rostos de quem a amasse.

— E você encontra Deus no meu rosto, Mary Linn? — eu já quis saber.

— James, Deus está no teu rosto. Sorrir é natural, mas teres o teu sorriso tão iluminado cada vez que sorris é uma luz que vem de Deus.

— Uma vez católica ...

— Sempre católica — retorquiu ela. — O que não se aplica a ti, não posso dizer uma vez 'Siol nan Gaidheal', sempre 'Siol nan Gaidheal'.

— Mais ou menos. Uma vez Partido Nacional Escocês, PNE até sermos livres...

E rimos.

Rimos muito.

Naqueles momentos, pouco me interessava se ela retornaria aos braços do noivo ao fim da nossa viagem. Não passava um dia em que não se falassem, ela parecia feliz e realizada; que fosse, então, feliz e realizada. Aquele era o sonho dela, o meu era outro, diferente, problema meu.

— Vais descer desta escada ou vais ficar a morar aí em cima? — disse Helena.

— Estou vendo como ficou.

Noscilene estendeu a mão para me ajudar a descer.

— Ficou bem — completou.

— Pois ficou — disse e limpei os olhos com a palma da mão.

Se me preguntassem se era choro eu diria que era a poeira, que o apartamento precisava de uma limpeza urgente.

Mas não perguntaram nada. Talvez os meus olhos estivessem apenas marejados e, no meu devaneio, eu me imaginei chorando. Sabia que não tinha força, mas eu tinha coragem. Se houvesse uma saudade boa, a Maria Olinda era a minha.

No dia seguinte acordamos cedo para um programa simples: uma caminhada longa do centro de Glasgow, ao bairro onde eu residia na juventude. Na volta, Helena perguntou onde havia um supermercado.

— Aqui, dobrando a esquina, na Hope Street.

— Só tenho dinheiro inglês — disse ela.

— Não tem problema — retorqui. —Aceitam normalmente, o troco é que virá em notas escocesas.

Mais uns passos, Helena à frente, adentramos o mercado. Minutos depois Helena apresentava à caixa uma cesta com três maçãs e uma pera, bem como uma nota inglesa de vinte libras esterlinas.

— A empregada da caixa levantou a nota contra a luz, virava e revirava.

— Algum problema? — perguntou Helena, no inglês perfeitamente enunciado de quem é culta e poliglota.

— Pode ser falsa — emendou a empregada.

— Olha — disse Helena, segurando cada sílaba —, se eu fosse usar dinheiro falso eu compraria um avião, um iate, um apartamento em Mônaco. Não me arriscaria comprar três maçãs murchas e uma pera que já nem sei se dará para comer.

— O que foi que ela disse? — perguntou Nô.

— Quem?

— A Helena.

De volta à Hope Street, Helena pousou a bolsa em cima de um muro baixo e pediu que esperássemos um instante para ela acomodar as maçãs, pois dali retornaríamos de transporte público ao apartamento. Nô e eu falávamos do parque por que passamos a caminho do bairro da minha juventude. Muito

Quinta Lição

nas nossas viagens a trabalho pelo Brasil eu lhe havia contado daquele lugar, mas naquela tarde ela o visitou em relva verde, árvores em flor e, do monte, que chamam da Bandeira, maravilhando-se com a magnífica vista. No centro do parque observamos as montanhas que ladeiam parte da cidade, de onde eu via o mundo na minha adolescência e sabia que mundo é um conceito muito maior que uma cidade, uma região, um país.

— Pronta — disse Helena.

Por um bilionésimo de segundo uma agulha quente perpassou o meu coração.

— Esta é a Hope Street — exclamei.

Glasgow perdeu uma metade da população nos últimos cem anos, as ruas comercias do centro reduziram-se a meia dúzia. De qualquer forma, encontrar-me ali, naquele muro, justamente com a Noscilene, não podia deixar de ser uma daquelas peças que o acaso me pregava.

Noscilene me olhava de lado.

— Olha aquela porta-giratória do outro lado da rua — apontei.

Puseram-se elas e eu contra o muro, voltados para o enorme prédio comercial.

— Aí — continuei —, foi de onde trabalhei anos da minha vida.

Noscilene sacudia a cabeça.

— Ficava aí a famosa editora... — disse baixinho.

Assenti com a cabeça.

Helena abraçou contra o peito a sacola de frutas, quase como eu abraçava a minha caixa havia mais de duas décadas e corria e escorregava e caía descendo a Hope Street com a intenção de tomar um táxi.

Mas quando aquilo aconteceu era inverno, agora era verão, a chuva dava lugar ao sol e a pujança das flores. Claro, gente apresada entrava e saía e aquela antiga porta girava, como sempre girou. Como, em silêncio, vinha fazendo antes de mim, como continuou a fazer quando lá estive, sem parar de fazê-lo enquanto eu refazia a minha vida e conquistava um novo lugar no mundo. Quanto a Maria Olinda, sempre achei que as duas cartas de amor mais difíceis de escrever são a primeira e a última, para ela, infelizmente, nunca escrevi uma carta de amor, só bilhetes de trabalho cujas respostas nunca guardei.

Continuei a assentir com a cabeça.

— Aí mesmo, Nô — a minha voz soava entusiasmada.

O destino muda de mira. Ali naquela porta, um rapaz loiro com cara do Garibaldo do Vila Sésamo e uma amiga dele, entregaram-me um cartão, enfiaram dentro da minha caixa de papelão. Seis meses depois que passei por aquela porta pela última vez, eu havia fundado o McSill Story Studio e eles se tornaram os meus primeiros clientes.

STORYTELLING E COMO CAMINHA A HUMANIDADE

Capitalismo e felicidade, influência e sucesso

```
— Por favor, ajude-me. Sou cego.
(e ninguém ajuda)
```

```
— O dia parece estar tão bonito, mas não consigo vê-lo.
(e muito mais gente ajuda)
Ou seja, conte uma história, mude a realidade!
```

Mas por que é assim?

Sempre foi assim?

Sim e não. Mas atualmente a tendência se acelerou com o capitalismo, que é um sistema que gera desigualdade econômica, exploração do trabalho, impacto ambiental negativo, e instabilidade econômica. Ele também tende a priorizar o lucro sobre o bem-estar social, contribuindo para a comercialização da vida social.

Ter de contar uma história para alterar a realidade com o propósito de que a nossa vida social seja 'bem vista e bem aceita' não é, obviamente, algo que começou com o capitalismo, mas o capitalismo desempenhou um papel importante na mudança das formas contemporâneas de elaborar e narrar histórias. Observamos essa influência em diversos aspectos da vida, desde a busca pela felicidade até aos critérios de sucesso que adotamos. Pedidos diretos como "Por favor, ajude-me. Sou cego." estão se tornando menos eficazes. Se uma história não nos tocar profundamente, não nos mobilizamos. Se o cego não aprender o básico sobre como contar uma história de forma eficaz, para poder expressar "O dia parece estar tão bonito, mas não posso ver.", ele pode acabar sendo ignorado.

Vou conversar um pouco com você sobre esses tópicos e oferecer exemplos para ilustrar cada um deles, mas tenho certeza de que você já deve ter refletido sobre isso, ao menos uma vez.

Em resumo:

1. **Felicidade Centrada no Consumo:** No contexto capitalista, somos frequentemente induzidos a crer que a felicidade se vincula à aquisição de bens materiais e ao estilo de vida pautado pelo consumo. Mensagens publicitárias bombardeiam-nos incessantemente, associando felicidade à posse de produtos específicos, como carros de luxo, vestuário de marcas famosas e dispositivos tecnológicos avançados.

   Exemplo: A promoção incessante de produtos que supostamente trazem felicidade, a exemplo de smartphones de última geração, pode convencer as pessoas de que a felicidade está intrinsecamente ligada à posse desses itens.

2. **Influência da Cultura do Sucesso Material:** No sistema capitalista, o sucesso é comumente avaliado por status, riqueza e conquistas materiais. A concepção de que o sucesso é diretamente proporcional ao acúmulo de bens materiais e ao prestígio social pode moldar nossas visões e objetivos.

   Exemplo: A idealização do sucesso, que valoriza a posse de imóveis, automóveis de alto valor e residências luxuosas, pode gerar uma pressão social intensa para que as pessoas aspirem a esses símbolos de êxito para se sentirem realizadas e reconhecidas.

3. **Influência das Redes Sociais e do Culto à Imagem:** Com a ascensão das redes sociais, o capitalismo descobriu novas vias para influenciar as noções de felicidade, influência e sucesso. Estas plataformas frequentemente nos encorajam a projetar uma imagem idealizada de nossas vidas, destacando momentos de sucesso e alegria que, muitas vezes, distorcem a realidade.

Exemplo: A exposição constante a postagens que retratam vidas "perfeitas", repletas de viagens luxuosas e eventos sociais de elite, pode pressionar as pessoas a perseguirem esse modelo de vida como padrão de sucesso e contentamento.

4. **Influência na Concepção de Influência:** Dentro do capitalismo, a influência está frequentemente atrelada à habilidade de persuadir, convencer e impactar o público, seja no meio empresarial, político ou na mídia. Indivíduos com recursos financeiros substanciais e poder econômico tendem a ter maior facilidade em influenciar as decisões e direções da sociedade.

Exemplo: Empresários de sucesso, com considerável influência na indústria e na mídia, são capazes de moldar opiniões e ditar tendências, afetando, assim, as percepções sociais de sucesso e felicidade.

Isto é bom? Ruim?

Quem sabe...

No futuro, a fase atual do desenvolvimento social humano será objeto de estudo e, com isso, surgirão novas compreensões. Por enquanto, é o que temos disponível, e é dentro deste contexto que precisamos encantar, vender e adquirir. Obviamente, é possível optar por uma vida "off-grid", embora não observe uma tendência crescente nesse sentido. O capitalismo parece estar estabelecido para permanecer por um longo período, continuando a moldar as noções contemporâneas de felicidade, influência e sucesso, frequentemente associando-as, como mencionei, a elementos materiais, reconhecimento social e uma imagem impecável. Claro, é crucial reconhecer que essas visões são moldadas pelo sistema em que vivemos, e cada pessoa tem a capacidade de questionar e buscar suas próprias definições, criando suas histórias com propósitos que considerem significativos, baseados em valores pessoais e, idealmente, autênticos.

De qualquer forma, enquanto concluo e compartilho com você este mais recente volume da série "5 Lições de Storytelling", com as sombras se estendendo sobre os últimos raios de luz do dia aqui em Glasgow, na Escócia — olha que poético! —, fico refletindo. Agrada-me perceber que o verdadeiro valor da vida não está nas marcas físicas que deixamos, mas nas histórias que criamos, vivenciamos e compartilhamos. Histórias de amor, superação e conquistas que continuam a iluminar como faróis mesmo após seu término. Entendo que a morte não representa um ponto final definitivo, pois as histórias de felicidade, influência e sucesso deixam um eco, uma promessa suspensa no ar. Afinal, "Somos feitos da matéria dos sonhos, e neste vasto universo, cada vida que vivemos se eterniza em uma história que nunca desaparecerá." Desde que nos tornamos conscientes de nossa humanidade, somos compostos por histórias; nisso, o capitalismo não tem culpa.

Em um mundo repleto de informação, onde a busca por felicidade, influência e sucesso se torna cada vez mais uma odisseia complexa. Hora, então, de arregaçar as mangas e pensar histórias, praticar histórias, tornar-se um reality-bender, ou alguém capaz de alterar a realidade. Sei que reality--bender é um conceito que se encontra mais frequentemente em histórias de ficção científica e fantasia do que na realidade prática. No entanto, se interpretarmos a ideia de alterar a realidade em um sentido metafórico ou conceitual, envolvendo mudanças significativas na nossa percepção do mundo, nas nossas experiências e na forma como interagimos com o ambiente ao nosso redor, há várias abordagens que podemos adotar para efetivar mudanças positivas na nossa vida e, por extensão, na realidade que nos cerca.

E fazer isto é tão simples!

Adote a mentalidade de um eterno aprendiz. Busque conhecimento em diversas áreas, esteja aberto a novas experiências e desafie-se a sair da sua zona de conforto. Aprender coisas novas pode mudar sua perspectiva e expandir seu entendimento sobre o que é possível. Lembre-se que sonhar é importante, mas agir é crucial. Por meio de histórias que influenciam, mudam percepções, considere, antes ajudar os outros como gostaria que os outros ajudassem você, a ter sucesso e ser mais feliz. O impacto positivo das histórias, do *reality-bending*, da criação de ilusão temporária de realidade e universos paralelos podem mudar a realidade 'real' de maneiras significativas e inesperadas. Embora "dobrar a realidade" possa não ser possível no sentido literal, adotar essas práticas pode efetivamente alterar a sua percepção da realidade e a do seu público, leitores ou clientes e moldar a sua vida e a deles de maneira profundamente positiva.

Ana Suy, na obra "A gente mira no amor e acerta na solidão", discorre sobre a intrínseca condição de vulnerabilidade humana, destacando a dependência vital do recém-nascido pelo cuidado alheio para sua sobrevivência. Esta premência inicial de amparo, segundo ela, imprime em nosso psiquismo um temor profundo de abandono, relacionado a aspectos muito primitivos do ser. Conclui-se, portanto, que nossa essência é marcada por uma predisposição ao desamparo e à infelicidade, sendo a história pessoal e coletiva um refúgio que nos permite transcender essa condição.

Portanto, contar histórias é fundamental para a felicidade, essa busca universal que transcende culturas, religiões e sociedades. A felicidade, frequentemente associada a relacionamentos, trabalho, localização, idade e atividades físicas, encontra uma nova dimensão no poder do Storytelling.

Narrar nossas vivências ou aquelas histórias que nos cativam e precisamos compartilhar vai muito além de um simples relembrar; representa uma imersão em nossa identidade e singularidade. As histórias pessoais e aquelas em que depositamos nossa crença não somente espelham nossa alma, como também esculpem o nosso ânimo. Imagine-se como o protagonista e escritor da sua própria saga, em uma incessante busca por um desfecho repleto de aventuras, paixão e triunfos. Essa postura otimista é capaz de transformar barreiras em escadarias rumo a uma felicidade genuína e profunda.

Vamos praticar um pouquinho com esses exemplos a seguir

NOTA:
Para aqueles que adoram a liberdade da escrita, a recomendação é optar por um caderno, cuja tangibilidade supera as barreiras da digitalidade de teclados e telas. Este método, além de oferecer um espaço ilimitado para a expressão de pensamentos e ideias, facilita uma conexão mais íntima e direta com as palavras, potencializando a criatividade e a fluidez no processo criativo.

Quinta Lição

1. **Reflexão sobre uma história:** Escreva um episódio da sua vida que considera significativo. Em seguida, reescreva-o focando nos aspectos positivos e nas lições aprendidas a partir dele.

Episódio significativo

Aspectos positivos

2. **Diário de Gratidão:** Mantenha um diário onde, diariamente, você narra pequenas histórias de momentos ou pessoas pelas quais é grato. (Use apenas o caderno)
3. **Visualização Positiva:** Imagine um futuro desejado. Escreva essa história (tópico 1) como se já fosse realidade, detalhando suas conquistas e a felicidade encontrada.

4. **Recontar o Dia:** Ao fim de cada dia, conte a alguém uma história positiva que aconteceu com você, enfatizando os aspectos bons mesmo nos dias mais difíceis.

5. **Carta ao Futuro Eu:** Escreva uma carta para você mesmo no futuro, contando as experiências que deseja ter vivido e como elas contribuíram para a sua felicidade.

Essas práticas são como ferramentas que nos ajudam a ver a vida com mais otimismo, lembrando que somos os escritores das nossas histórias e, por meio delas, podemos desenhar uma existência mais alegre e completa. É fundamental reconhecer o papel da nossa percepção na maneira como vivemos, pois ser feliz vai além de apenas comemorar sucessos; é sobre reenquadrar nossas experiências de forma positiva para reforçar nosso bem-estar mental. Como qualquer técnica, a felicidade melhora com a prática. Isso significa cultivar diariamente uma visão mais otimista, preparando-nos para criar histórias que sejam fundamentadas e experienciadas na realidade. Assim, a felicidade se torna uma habilidade acessível a todos, que se aperfeiçoa com exercícios constantes, não diferente de aprender um instrumento musical ou uma nova língua.

Como os seus pensamentos (re)criam a sua vida

Entender como nossos pensamentos moldam a nossa vida é essencial. Apesar de os exercícios de felicidade aqui propostos serem breves e possíveis de realizar em qualquer lugar, a chave é a prática constante. É crucial não apenas compreender os conceitos teoricamente, mas aplicá-los ativamente. Muitos não alcançam seus objetivos simplesmente porque não aplicam o que aprenderam. Evite esse ciclo, incorpore os exercícios de felicidade à sua rotina.

EXERCÍCIOS PARA CRIADORES DE HISTÓRIAS:

1. Exploração dos Cinco Sentidos Humanos:

Imagine-se em uma caminhada consciente, onde cada passo é uma oportunidade para engajar um sentido diferente. Primeiro, foque na textura do solo sob seus pés, sentindo cada grão ou aspereza. Depois, direcione sua atenção para as cores vibrantes ao redor, observando detalhes que normalmente passariam despercebidos. Permita-se absorver os sons da natureza, desde o sussurro do vento até o canto distante dos pássaros. Inale profundamente, capturando os aromas únicos do ambiente. Por fim, se possível, saboreie algo natural, como uma fruta, apreciando cada nuance do seu gosto.

Caminhar, especialmente acompanhado de bons amigos, por exemplo, pode se transformar numa experiência riquíssima, muito além de um simples exercício físico. Recentemente, durante uma caminhada pelos parques escoceses com meu amigo Márcio, que gentilmente escreveu a orelha deste livro, tive a oportunidade de compartilhar com ele uma prática que enriquece minhas jornadas: a atenção plena aos cinco sentidos. Na nossa caminhada, eu guiava Márcio através de uma exploração sensorial. Apontava o canto de um pássaro distante, convidando-o a realmente ouvir. Falava sobre a textura da terra sob nossos pés, encorajando-o a notar as variações sob as solas. Incentivava-o a respirar fundo, identificando os diferentes aromas que a natureza oferecia. Mesmo o gosto do ar fresco da manhã ou o sabor de frutas silvestres que encontrávamos pelo caminho se tornava parte de nossa aventura sensorial.

2. Amor-Próprio:

Dedique um momento diário para, diante do espelho, afirmar "Eu te amo" a si próprio com verdadeira sinceridade (pode usar essas palavras ou outras, mas o teor deve ser este: autoapreciação). Este exercício de reconhecimento não só celebra suas vitórias e aceita os obstáculos como parte de sua história única, mas também valida seu valor pessoal e reafirma um suporte incondicional a você mesmo. Ao tornar essa prática um hábito regular, fortalecerá sua autoestima e saúde mental, reforçando a importância do autocuidado e do amor-próprio em sua rotina.

Esses exercícios, embora simples, são fundamentais para uma vida mais alegre e consciente. Eles promovem a resiliência, a criatividade e a determinação necessária para criar suas próprias histórias. A arte de contar histórias é uma profissão de verdadeira paixão; ao dedicar-se a este livro, mostra que você valoriza a autenticidade e rejeita a mediocridade. Prepare-se: ao nutrir a felicidade, você naturalmente gerará narrativas que refletem esse sentimento.

Storytelling: o navegar pela cartografia da alma

Noutro dia, ao dar uma palestra em Portugal, usei esta metáfora e vou aproveitá-la aqui no livro. Eu dizia: "Cada um de nós é um explorador em um oceano de memórias, onde ilhas de momentos se destacam em meio às névoas do esquecimento. Não somos apenas espectadores passivos de nossas jornadas; somos cartógrafos, mapeando os contornos de nossas vidas. Nosso cérebro, esse farol de significado, não se limita a iluminar o que já vivemos. Ele busca nas marés de nossa existência, pontos de luz que nos guiam de uma aventura a outra, narrando: "Isso ocorreu por causa de X, e então isso me conduziu até Y.""

Esta capacidade de mapear nossas histórias, muitas vezes de maneira inconsciente, é um tesouro que todos possuímos. Contudo, enquanto alguns deixam que as correntes os levem, outros escolhem navegar com propósito. Por meio da terapia cognitiva, embarcamos em uma viagem não só para descobrir novos territórios em nosso passado, presente e futuro, mas também para desenhar novos mapas, redefinindo as rotas que nos definem.

Imagine, agora, a possibilidade de ser não apenas o navegador, mas também o criador de mapas de sua própria jornada. O verdadeiro poder de transformação não reside na alteração dos eventos de nossa vida, mas na habilidade de reinterpretá-los, de encontrar novas rotas em meio às águas já navegadas.

Vamos à prática?

Imaginemos um protagonista fictício para exercitar o processo de escrita sugerido, crie uma história inspirada nas jornadas de que tratamos na Lição 4:

Defina o seu protagonista

Exemplo: João, um homem de trinta e dois anos, é engenheiro de software e vive em São Paulo. Solteiro e dedicado à sua carreira, reside em um apartamento pequeno próximo ao seu local de trabalho. Sua infância, passada em uma cidade do interior, foi marcada por um ambiente familiar caloroso, mas também por um desejo intenso de explorar o mundo além das montanhas que cercavam sua cidade natal. Esta curiosidade o moldou, tornando-o alguém que valoriza a inovação e a resolução de problemas. João é inteligente e criativo, mas por vezes se deixa levar pela procrastinação e pela dúvida. Ele busca significado e propósito em sua vida, sonhando em iniciar seu próprio projeto tecnológico que possa impactar positivamente a sociedade. No entanto, seu medo do fracasso e a segurança de seu emprego atual o impedem de dar o próximo passo.

Agora você:

Resuma o "capítulo atual" da vida dele

Exemplo: Nos últimos meses, João se encontrou em uma encruzilhada profissional e pessoal. Apesar de ter alcançado estabilidade em seu emprego, ele sente que falta algo mais gratificante em sua vida. A monotonia do dia a dia e a falta de desafios começaram a pesar sobre ele, levando-o a questionar suas escolhas de carreira e pessoais. A pandemia global e o isolamento subsequente exacerbaram esses sentimentos, forçando-o a confrontar sua solidão e o desejo de mudança. João tem contemplado a ideia de deixar seu emprego para perseguir seu sonho de empreendedorismo, mas a incerteza financeira e o medo do desconhecido o mantêm paralisado.

Agora você:

Identifique o antagonista / vilão / força opositora

Exemplo: Na história de João, o principal antagonista é ele mesmo, caracterizando-se como um conflito do tipo "ele contra ele mesmo". Sua luta interna entre a segurança de seu emprego atual e o desejo ardente de buscar uma paixão maior é o maior obstáculo que enfrenta. Seus medos e dúvidas atuam como barreiras psicológicas que o impedem de tomar uma decisão definitiva. Embora também haja elementos de "ele contra a sociedade", onde as expectativas sociais e as pressões para manter um emprego estável e lucrativo desempenham um papel secundário, é a batalha interna de João com sua própria insegurança e medo do fracasso que domina sua narrativa atual.

Quinta Lição

Quatro forças representam os principais tipos de conflitos encontrados em narrativas, sejam elas literárias, cinematográficas ou de qualquer outra forma de storytelling. Cada tipo de conflito tem suas características e desafios únicos para o protagonista:

1. **Eu contra o Outro (Conflito Interpessoal):** Este tipo de conflito ocorre quando o protagonista enfrenta oposição de outra pessoa ou grupo de pessoas. Pode ser um conflito com um rival, um antagonista que tem objetivos opostos, ou mesmo um amigo ou membro da família cujos desejos entram em choque com os do protagonista. Este conflito é rico em drama emocional e explora a complexidade das relações humanas.
2. **Eu contra a Sociedade (Conflito Societal):** Aqui, o protagonista está em conflito com as normas, regras, leis, ou expectativas culturais de uma sociedade. Este tipo de conflito questiona valores e crenças amplamente aceitos e muitas vezes desafia o protagonista a se manter fiel a seus próprios princípios frente à pressão para conformar-se. É comum em histórias que exploram temas de justiça social, liberdade individual versus controle social, ou a luta contra um sistema corrupto ou opressivo.
3. **Eu contra a Natureza (Conflito Ambiental):** Neste conflito, o protagonista enfrenta forças da natureza. Isso pode incluir desastres naturais como terremotos, tempestades, ou condições extremas de sobrevivência em ambientes inóspitos. Este tipo de conflito destaca a vulnerabilidade humana diante da imensidão e poder da natureza, bem como a resiliência e engenhosidade necessárias para superar tais desafios.
4. **Eu contra Eu mesmo (Conflito Interno):** Talvez o mais profundo de todos, este conflito ocorre dentro do próprio protagonista e envolve uma luta interna entre diferentes aspectos de sua personalidade, desejos, crenças, ou entre a moralidade e a tentação. Este conflito é central para o desenvolvimento do personagem, pois frequentemente leva a uma mudança significativa ou crescimento pessoal. Histórias que focam neste tipo de conflito exploram temas de identidade, ética, e a jornada de autoconhecimento.

Cada um desses conflitos serve como um motor poderoso para o desenvolvimento da trama, oferecendo diferentes caminhos para explorar a condição humana, desafios éticos, a luta pela sobrevivência, ou a busca por significado e propósito.

Agora você:

Protagonista contra o antagonista

Imaginemos um diálogo onde o protagonista, chamado Lucas, enfrenta seu antagonista interno, a Dúvida, em um conflito do tipo "Self vs. Self". Lucas está em um momento de sua vida em que deseja mudar de carreira, mas a Dúvida constantemente o paralisa.

Lucas: Por que toda vez que estou prestes a dar um passo em direção ao novo, você aparece para me deter?

Dúvida: Estou aqui para te fazer pensar duas vezes. É arriscado mudar agora, não acha? E se você falhar?

Lucas: Eu sei que há riscos, mas também há possibilidades. Não estou cansado de me perguntar "e se"? Por que você não pode me deixar tentar?

Dúvida: Porque eu vi o que acontece quando as coisas dão errado. Lembro você de todas as vezes que as coisas não saíram como planejado. Estou tentando protegê-lo de mais desapontamentos.

Lucas: Mas e todas as vezes que as coisas deram certo? Você escolhe ignorar esses momentos. Eu preciso que você entenda que crescer envolve riscos. Eu quero aprender com os erros, não ser definido por eles.

Quinta Lição

Dúvida: É difícil para mim ignorar os perigos. É assim que eu funciono. Mas entendo o seu ponto. Você está dizendo que precisa de espaço para respirar e viver, mesmo que isso signifique falhar às vezes?

Lucas: Exatamente. Preciso que você seja menos presente. Você tem seu lugar, sim, para me fazer cauteloso, mas não para me paralisar. Você pode fazer isso?

Dúvida: Vou tentar me ajustar. Talvez eu possa estar mais no fundo, observando, em vez de sempre estar no comando. Mas, por favor, lembre-se de que estou aqui por uma razão.

Este diálogo exemplifica como o protagonista pode negociar com suas emoções negativas e conflitos internos, buscando um equilíbrio que permita o crescimento e a mudança, reconhecendo a utilidade desses sentimentos sem permitir que dominem suas decisões e ações.

Agora você:

Quem é o seu protagonista?	
Quem é o seu antagonista?	
Protagonista	
Antagonista	
Protagonista	
Antagonista	
Protagonista	
Antagonista	
Protagonista	
Antagonista	
Protagonista	
Antagonista	
Protagonista	
Antagonista	

Personagens Secundários

Vamos continuar com a história de Lucas, o protagonista que enfrenta o conflito interno da Dúvida em sua jornada para mudar de carreira. Identificaremos agora seus personagens secundários e o papel que desempenham em sua história.

1. Ana, a Irmã Mais Velha:

Relação com Lucas: Ana é a irmã mais velha de Lucas, que sempre teve um papel protetor em sua vida. Ela é uma advogada bem-sucedida, conhecida por sua determinação e coragem.

Contribuição para a jornada de Lucas: Ana inspira Lucas a perseguir seus sonhos, mesmo diante de incertezas. Ela o encoraja a ver os desafios como oportunidades de crescimento e está sempre disponível para oferecer conselhos práticos e apoio emocional.

2. Eduardo, o Melhor Amigo:

Relação com Lucas: Eduardo é o melhor amigo de Lucas desde a infância. Eles compartilham muitos interesses em comum, incluindo uma paixão por tecnologia e inovação.

Contribuição para a jornada de Lucas: Eduardo serve como um lembrete constante da importância da amizade verdadeira e do suporte mútuo. Ele é um ouvinte atento que ajuda Lucas a verbalizar seus medos e aspirações, agindo como um espelho que reflete a força interior de Lucas.

3. Sra. Campos, a Mentora:

Relação com Lucas: Sra. Campos foi professora de Lucas na universidade e se tornou sua mentora. Ela tem uma vasta experiência no setor de tecnologia e é uma inovadora nata.

Contribuição para a jornada de Lucas: Sra. Campos fornece a Lucas insights valiosos sobre o mundo dos negócios e da tecnologia. Ela o desafia a pensar de forma crítica e a sair de sua zona de conforto, oferecendo orientação estratégica para que ele possa alcançar seus objetivos profissionais.

4. **Marina, a Colega Inspiradora:**

   Relação com Lucas: Marina trabalha com Lucas e é conhecida por sua abordagem criativa aos problemas. Ela deixou um emprego estável para seguir sua paixão por design gráfico, uma decisão que admira profundamente.

   Contribuição para a jornada de Lucas: A história de Marina serve como uma fonte de inspiração para Lucas. Ela exemplifica a coragem de perseguir o que realmente importa, mesmo que isso signifique enfrentar o desconhecido. Marina apoia Lucas, compartilhando suas próprias experiências e as lições aprendidas no processo de mudança de carreira.

Cada um desses personagens secundários desempenha um papel crucial na história de Lucas, oferecendo diferentes formas de apoio, sabedoria e inspiração. Juntos, eles compõem uma rede de suporte que não apenas ajuda Lucas a enfrentar seus desafios, mas também o lembra do valor das relações humanas e da interdependência em nossa jornada pela vida. Reconhecer e valorizar esses personagens em nossa própria história pode fortalecer nossa resiliência e capacidade de superar obstáculos.

Agora você:

Clímax Ideal: A Vitória sobre a Dúvida

Após meses de hesitação, Lucas finalmente decide dar o passo decisivo em direção ao seu sonho de iniciar seu próprio negócio de tecnologia. O clímax se desenrola durante uma importante feira de tecnologia, onde Lucas tem a oportunidade de apresentar sua inovadora ideia de aplicativo para um painel de investidores renomados. Com o apoio de Ana, Eduardo, Sra. Campos e Marina, Lucas supera sua dúvida e faz uma apresentação apaixonada e convincente. Os investidores ficam impressionados e decidem financiar seu projeto. Ao derrotar sua dúvida, Lucas não apenas conquista o apoio financeiro necessário, mas também ganha uma nova confiança em sua capacidade de transformar ideias em realidade. Ele se torna uma pessoa mais corajosa e determinada, pronto para enfrentar os desafios futuros com otimismo.

Clímax Alternativo: Crescimento na Rejeição

Na versão alternativa, Lucas se apresenta na mesma feira de tecnologia, mas os investidores, embora impressionados, decidem não financiar seu projeto, citando preocupações com o mercado altamente competitivo. Apesar da rejeição dolorosa e pública, Lucas encontra um forro de prata na experiência. Ele recebe feedback construtivo, aprende valiosas lições sobre o mundo dos negócios e percebe que sua paixão e dedicação ao seu sonho são inabaláveis. A rejeição se torna um ponto de virada, motivando-o a refinar sua ideia e buscar outras oportunidades. Lucas emerge da situação não com o sucesso que esperava, mas com uma resiliência e determinação renovadas. Ele aprende o valor da perseverança e que o fracasso é apenas um degrau no caminho para o sucesso. Através dessa experiência desafiadora, Lucas se torna mais adaptável, resiliente e aberto ao aprendizado, qualidades que o definirão em sua jornada adiante.

Ambos os cenários destacam a importância do crescimento pessoal e profissional, seja alcançando o sucesso desejado ou aprendendo com a rejeição e o fracasso. Em cada clímax, Lucas se torna uma versão melhor de si mesmo, mais preparado para as aventuras e desafios que o futuro reserva.

Agora você:

IDEAL

ALTERNATIVO

Integrando mais elementos na história de Lucas

Vamos enriquecer a história e explorar a profundidade de sua jornada? Releia a lição 4, caso o assunto tenha sido totalmente novo para você.

✓ Tom

A história de Lucas é contada com um tom predominantemente otimista e esperançoso, mesmo nas adversidades. As palavras e frases escolhidas refletem sua resiliência e a crença inabalável na possibilidade de mudança positiva. Mesmo nos momentos de dúvida e incerteza, a história mantém um brilho de otimismo, sugerindo que cada desafio é uma oportunidade para crescimento.

✓ Motivos

Revisitando os episódios anteriores da vida de Lucas, um tema recorrente é a busca por propósito e realização. Este motivo reflete sua constante busca por significado além do convencional, uma linha condutora que o leva a enfrentar seus medos e hesitações. A repetição desse tema sugere uma profunda necessidade interna de contribuir e fazer a diferença, moldando suas ações e decisões ao longo da vida.

✓ Simbolismo

Um símbolo poderoso no episódio atual de Lucas é a bússola, representando a orientação e a direção que ele busca em sua vida. A bússola simboliza a busca de Lucas por um caminho claro em meio à incerteza, guiando-o através de sua jornada interior e exterior. Integrando este símbolo na história, Lucas é frequentemente visto refletindo sobre sua bússola interna, buscando alinhar suas ações com seus valores mais profundos e verdadeiros.

✓ Metáforas

A jornada de Lucas é frequentemente descrita através da metáfora de navegar em águas desconhecidas. Esta metáfora ilustra sua transição de uma vida de conforto e previsibilidade para a busca arriscada de seus sonhos. As "águas desconhecidas" representam o desconhecido, o potencial para descoberta e a coragem necessária para enfrentar o novo. Essa metáfora enquadra sua experiência como uma exploração, onde cada desafio é uma onda que ele aprende a navegar.

✓ Epílogo

No epílogo do episódio atual, antecipamos o próximo episódio na vida de Lucas com uma sensação de antecipação e preparação. Lucas está agora no limiar de uma nova aventura, armado com as lições aprendidas, a confiança recém-descoberta e uma visão clara de seu destino. O futuro promete mais desafios, mas também a oportunidade de aplicar sua sabedoria e experiências anteriores. Lucas olha para frente, não apenas esperando realizar seus sonhos, mas também pronto para enfrentar o que vier com coragem e otimismo.

Esses elementos adicionam profundidade e nuance à história de Lucas, transformando-a em uma narrativa rica e multidimensional. Eles não apenas ajudam a contar sua história de maneira mais completa, mas também oferecem ao leitor (ou ao próprio Lucas) insights sobre como as experiências de vida podem ser interpretadas e valorizadas de maneiras que promovem crescimento e aprendizado.

Agora você:

Tom	
Motivos	
Simbolismo	
Metáforas	
Epílogo	

Vai contar uma história pessoal? Estude essas dicas:

Para enriquecer ainda mais nossas histórias pessoais e transformar a maneira como as percebemos e narramos, podemos explorar outros elementos narrativos significativos. Esses elementos nos ajudam a moldar nossa compreensão dos eventos, permitindo-nos reenquadrar experiências e encontrar novos significados em nossas jornadas. Aqui estão algumas sugestões para aprimorar a narrativa das nossas próprias vidas:

✓ Perspectiva

A perspectiva de onde escolhemos contar nossa história pode alterar significativamente sua interpretação. Ao adotar uma perspectiva diferente, seja a de outra pessoa envolvida ou uma visão mais distanciada, podemos ganhar novos insights e compreensões sobre os eventos. Isso nos permite ver situações de ângulos novos e, talvez, mais compassivos ou objetivos.

✓ Estrutura da História

A ordem em que escolhemos apresentar os eventos em nossa história pode influenciar seu impacto e significado. Brincar com a estrutura da narrativa, como começar pelo fim e depois explicar como chegamos lá, pode adicionar suspense e interesse, além de destacar aspectos da história que consideramos mais importantes.

✓ Ponto de Virada

Identificar e enfatizar os pontos de virada em nossa história pode ajudar a ilustrar momentos de mudança significativa. Estes são os momentos em que uma decisão, um evento ou uma revelação altera fundamentalmente o curso de nossa vida. Reconhecer esses pontos de virada nos ajuda a entender como crescemos e mudamos ao longo do tempo.

✓ Diálogo Interno

O diálogo interno que mantemos conosco mesmo sobre nossas experiências é crucial na moldagem de nossa percepção. Ao tornar-nos conscientes desse diálogo e, se necessário, alterá-lo para ser mais positivo e capacitador, podemos mudar a maneira como nos sentimos sobre nossas histórias.

✓ Tema

Refletir sobre os temas recorrentes em nossa vida pode nos oferecer percepções valiosas sobre nossos valores, desejos e o que realmente consideramos importante. Identificar esses temas pode ajudar a criar uma história coesa de nossa vida, fornecendo um sentido de continuidade e propósito.

✓ **Cenas**

Selecionar cuidadosamente as "cenas" ou eventos-chave para incluir em nossa história pode alterar seu tom e foco. Ao escolher destacar momentos de superação, aprendizado ou felicidade, por exemplo, podemos construir uma narrativa que enfatize o crescimento e a resiliência.

✓ **Reflexão**

Incluir momentos de reflexão na nossa história permite que examinemos nossas experiências mais profundamente e extraiamos lições delas. Essa reflexão pode ser uma poderosa ferramenta para o crescimento pessoal, ajudando-nos a entender melhor nossas motivações, sentimentos e ações.

Ao integrar esses elementos em nossas histórias pessoais, não apenas enriquecemos a maneira como as contamos, mas também podemos mudar a maneira como nos vemos e ao mundo ao nosso redor. No fim, as histórias que escolhemos contar a nós mesmos moldam nossa identidade, influenciam nossas crenças e orientam nossas ações. Mudando a história, abrimos a possibilidade de transformar a nossa própria vida.

Histórias inspiram, motivam e provocam mudanças significativas

Contar histórias que evocam felicidade, influência e sucesso tem um impacto profundo não apenas na nossa própria vida, mas também na vida dos outros. Como venho mencionando neste livro e nos outros da série, as histórias têm o poder de inspirar, motivar e provocar mudanças significativas em quem as ouve ou lê. Aqui estão algumas maneiras pelas quais podemos usar o Storytelling para afetar positivamente a nós mesmos e aos outros:

✓ **Inspirando Ação**

Histórias de superação, sucesso e realização podem servir como catalisadores para ação. Ao compartilhar experiências de como superamos dificuldades ou alcançamos objetivos, podemos inspirar outros a perseguirem seus próprios sonhos e enfrentarem seus desafios. Essas histórias fornecem modelos de comportamento positivo e evidenciam que é possível vencer obstáculos, incentivando os ouvintes a agirem em prol de suas próprias metas.

✓ Fortalecendo Conexões

Histórias que destacam a felicidade e o sucesso comum podem fortalecer laços entre indivíduos, criando um senso de comunidade e pertencimento. Ao compartilhar nossas próprias histórias e ouvir as dos outros, reconhecemos nossas semelhanças e diferenças, promovendo empatia e compreensão mútua. Isso pode ajudar a construir relações mais profundas e significativas.

✓ Promovendo Reflexão

Histórias que refletem sobre o caminho para a felicidade e o sucesso convidam à reflexão sobre o que realmente valorizamos e quais são nossos verdadeiros objetivos na vida. Elas podem desafiar as concepções prévias dos ouvintes sobre o que significa ter sucesso e ser feliz, encorajando-os a reavaliar suas próprias vidas e talvez redefinir suas prioridades e aspirações.

✓ Fomentando Resiliência

Ao compartilhar histórias de dificuldades enfrentadas e superadas, podemos ajudar a fomentar resiliência em outros. Essas histórias mostram que é normal enfrentar adversidades e que elas podem ser superadas. Elas oferecem esperança e mostram que, mesmo nos momentos mais desafiadores, há oportunidades para crescimento e aprendizado.

✓ Educando e Informando

Histórias podem ser veículos poderosos para educação e informação, transmitindo lições importantes de maneira envolvente e memorável. Ao incorporar ensinamentos sobre felicidade, influência e sucesso em nossas histórias, podemos passar conhecimentos valiosos de uma forma que ressoe e seja retida pelos ouvintes.

✓ Provocando Mudança

Histórias bem elaboradas e usadas com propósito têm o potencial de provocar mudanças não apenas em nível individual, mas também coletivo. Histórias de sucesso e influência podem inspirar movimentos, impulsionar a ação comunitária e levar a mudanças sociais significativas. Elas podem destacar questões importantes e mobilizar as pessoas em torno de causas comuns, trazendo paz, prazer e felicidade. Ao contar essas histórias estamos fazendo mais do que apenas compartilhar experiências; estamos contribuindo para um mundo mais conectado, resiliente e inspirador. Como não me canso de dizer, as histórias têm o poder de transformar não apenas o narrador, mas também aqueles que as escutam, criando ondas de impacto que podem alcançar muito além do que imaginamos.

Agora você, crie e edite a sua **GRANDE HISTÓRIA!**

Continue no seu caderno ou na tela do seu computador!

O ato de criar uma história, refletindo sobre os acontecimentos e atribuindo-lhes significado, frequentemente nos leva a uma narrativa que se encaixa naturalmente nas estruturas universais de narração, como a Jornada do Herói de Joseph Campbell, as funções narrativas recorrentes de Vladimir Propp ou os padrões identificados por Maureen Murdock na Jornada da Heroína. Isso não ocorre por acaso, mas sim como reflexo de padrões profundos na maneira como humanos percebem, organizam e interpretam suas vivências.

Vejamos como isso se desenvolve:

A Jornada do Herói (Joseph Campbell)

A Jornada do Herói, ou Monomito, proposta por Joseph Campbell em "O Herói de Mil Faces", apresenta-se como um padrão narrativo comum a diversas culturas globais. Ao iniciar a construção de uma história, consciente ou inconscientemente, muitas vezes adotamos esse arquétipo: um herói que deixa seu lar para uma aventura, enfrenta adversidades, recebe auxílio, conquista uma vitória significativa e retorna transformado. Por exemplo, a trajetória de Lucas ecoa essa jornada: ele confronta a dúvida (o chamado à aventura), busca suporte (encontra mentores e aliados), supera desafios (vence suas incertezas) e sai transformado, pronto para novos desafios.

Os Morfemas ou funções narrativas recorrentes (Vladimir Propp)

Vladimir Propp, ao analisar contos de fadas russos, identificou uma sequência de funções narrativas recorrentes, ou "morfemas". Na construção de histórias pessoais, encontramos padrões similares: personagens desempenhando papéis específicos (como o herói, o ajudante, o antagonista), eventos propulsores da trama (como a partida, a proibição, a transgressão) e desenlaces que resolvem a tensão (como o reconhecimento, a recompensa). Esses elementos frequentemente se fazem presentes nas nossas histórias pessoais, refletindo a maneira como entendemos conflitos e resoluções em nossas vidas.

A Jornada da Heroína (Maureen Murdock)

A Jornada da Heroína, proposta por Maureen Murdock, oferece uma perspectiva complementar ao Monomito de Campbell, focando na experiência feminina e na transformação pessoal. Essa jornada enfatiza a partida da heroína de seu mundo conhecido, sua iniciação e desafios, culminando em uma crise que leva a um despertar. A heroína retorna ao seu mundo, agora enriquecida com uma nova compreensão e sabedoria. Essa estrutura pode ser aplicada de maneira ampla a qualquer jornada de autoconhecimento e mudança, refletindo processos de introspecção e transformação pessoal.

Ao elaborarmos as nossas histórias, somos naturalmente atraídos por essas estruturas universais, que ecoam profundamente em nossa psique coletiva. Elas oferecem um meio reconhecível e compreensível de organizar e expressar nossas experiências. Compreender e empregar conscientemente essas estruturas ao narrar nossas próprias histórias nos permite criar narrativas mais profundas, envolventes e universais. Assim, o processo de escrever, revisar e aperfeiçoar nossas histórias não apenas melhora a qualidade da narrativa, mas também nos possibilita explorar o potencial dessas estruturas universais com maior profundidade. Cada revisão é uma chance de alinhar nossa história ainda mais estreitamente com esses padrões arquetípicos, tornando-a mais impactante, cativante e capaz de ressoar com um espectro mais amplo de ouvintes.

Análise:

Integrando as jornadas de Campbell, Propp e Murdock na história de Lucas, podemos ilustrar como esses modelos narrativos universais estão entrelaçados e como eles moldam a trajetória do personagem de maneira profunda e significativa.

Campbell e Lucas

Chamado para a Aventura: Lucas sente-se insatisfeito com sua carreira atual, um sentimento que representa o chamado para iniciar uma nova jornada. A dúvida sobre seu futuro e o desejo de mudança são os catalisadores que o impulsionam para fora de sua zona de conforto.

Ajuda: Durante sua jornada, Lucas encontra mentores e aliados, como sua irmã Ana, seu amigo Eduardo e sua mentora, a Sra. Campos. Eles o ajudam a ganhar confiança e fornecem o apoio necessário para enfrentar os desafios à frente.

Superação de Obstáculos: Lucas enfrenta vários desafios, incluindo a superação de suas próprias dúvidas internas e a rejeição inicial de investidores. Esses obstáculos testam sua resiliência e determinação.

Transformação e Retorno: Ao final de sua jornada, Lucas emerge transformado, com uma nova compreensão de seu potencial e um plano claro para o futuro. Ele retorna à sua vida cotidiana, pronto para aplicar o que aprendeu e iniciar seu próprio negócio.

Propp e Lucas

Funções Narrativas: A história de Lucas segue várias funções narrativas identificadas por Propp. Por exemplo, a "partida" de Lucas de sua carreira convencional, a "proibição" representada por suas próprias dúvidas e o medo do fracasso, e o "auxílio" que ele recebe de seus mentores e aliados.

Resolução: A "vitória" de Lucas sobre suas inseguranças e a decisão final de seguir seu sonho simbolizam a resolução da tensão narrativa, culminando em uma "recompensa" na forma de crescimento pessoal e um novo caminho a seguir.

Murdock e Lucas

Embora a Jornada da Heroína se concentre tipicamente na experiência feminina, os temas de introspecção e transformação são universais e aplicáveis à história de Lucas.

Separação: Lucas experimenta uma "separação" de seu papel tradicional na sociedade como um empregado insatisfeito, iniciando sua busca por um propósito mais profundo.

Iniciação e Desafio: A jornada de Lucas o leva a confrontar não apenas desafios externos, como a busca por financiamento, mas também desafios internos, como a dúvida e o medo do fracasso.

Despertar e Integração: Lucas alcança um ponto de crise quando enfrenta a possibilidade de rejeição. No entanto, é através dessa crise que ele encontra um despertar, reconhecendo sua verdadeira paixão e capacidade de superar obstáculos. Ele integra essa nova compreensão em sua identidade, preparando-se para aplicar suas lições aprendidas na construção de seu futuro.

Como vê, ao entrelaçar essas estruturas da narração na história de Lucas, podemos ver como os elementos universais de aventura, desafio, transformação e retorno não são apenas arquétipos distantes, mas parte integrante da experiência humana. A jornada de Lucas, embora única, ressoa com padrões profundos de narrativa que capturam a essência da busca humana por significado, crescimento e realização.

PAPINHO EXTRA, MAS QUE PODE INTERESSAR

A história do Lucas foi criada especialmente para ilustrar essa lição, baseia-a em histórias produzidas pela primeira vez, quando dou feedback aos participantes dos meus cursos.

Mas aqui, convoco você a ler o episódio final da história do James/Jimmy, você seria capaz de analisá-lo e descobrir como eu criei a ilusão de realidade para encerrar a história?

Volte ao início desta lição com um lápis na mão e parta para a análise. Se for realmente curioso, que tal fazer o mesmo com os episódios que abriram cada uma das lições?

Só vou dar a partida:

O que o episódio que abriu a lição 5 tem a ver com felicidade, influência e sucesso?

Resposta:

A história, envolvendo Noscilene, Helena e a memória da Maria Olinda, entrelaça temas de felicidade, influência e sucesso de maneira sutil, porém profunda, servindo como exemplo para ilustrar uma lição de Storytelling. Esses elementos são explorados através das experiências pessoais, interações significativas e o impacto duradouro das relações humanas, mostrando como:

Felicidade

A felicidade é explorada nas pequenas alegrias e no conforto encontrado na companhia de amigos. Apesar dos desafios passados e presentes, os momentos de conexão genuína e apoio mútuo entre os personagens trazem um senso de contentamento e pertencimento. A narrativa revela que a felicidade muitas vezes reside nas conexões que construímos e no apoio que encontramos uns nos outros.

Influência

A influência manifesta-se nas maneiras como os personagens impactam a vida um do outro. Esses momentos ressaltam como pessoas e eventos podem influenciar nosso caminho de maneiras inesperadas, guiando-nos para novas oportunidades e sucessos.

Sucesso

O sucesso é retratado não apenas nas conquistas profissionais do protagonista, mas também na sua jornada emocional e nas relações significativas que formou ao longo do caminho. O episódio reflete sobre como o sucesso verdadeiro é multifacetado, abrangendo realizações pessoais e profissionais, bem como a capacidade de enfrentar e superar as adversidades do passado.

Uso em uma Lição de Storytelling

Este episódio pode ser usado para ilustrar como histórias reais, repletas de emoções autênticas, conflitos e resoluções, podem ensinar lições valiosas sobre a natureza humana, a importância das relações e a busca por significado.

Ao contar essa história, James tentou destacar:

A complexidade das emoções humanas e como elas influenciam nossas decisões e interações.

A importância das relações na formação de nossa identidade e na influência de nosso caminho para o sucesso.

A intersecção entre o pessoal e o profissional na definição de sucesso, mostrando como experiências pessoais profundas podem influenciar nossa trajetória profissional.

O papel do acaso e da serendipidade na vida, sugerindo que estar aberto a novas experiências pode levar a oportunidades inesperadas.

Por que e como usar:

Usar essa história para encerrar o livro 5 lições de Storytelling, volume 4, oferece uma maneira de demonstrar a relevância das histórias pessoais no ensino de conceitos universais. James encoraja (eu encorajo) os leitores a refletir sobre as suas próprias experiências, a reconhecer o valor das suas relações e a estar abertos às surpresas que a vida reserva, reforçando a ideia de que cada vida é uma coleção de histórias interconectadas que vale a pena contar.

Você não concorda comigo ao ler a minha análise?

Não tem problema!

No universo do Storytelling, cada detalhe, cada palavra, cada silêncio carrega um peso subjetivo imenso, abrindo portas para infinitas interpretações. É verdade, você pode ter uma visão diferente, um novo ângulo sob o qual analisaria os episódios que abrem as lições deste livro. E é exatamente essa diversidade de perspectivas que enriquece o nosso ofício. Lembro-me das incontáveis horas dedicadas à criação de um roteiro, seja para um filme ou uma série. Se a produção busca a excelência, cada fragmento do texto é meticulosamente dissecado em debates que podem estender-se por dias, até meses! Uma tarefa fácil? Longe disso. Contudo, há uma alegria indescritível nesse processo. No momento em que finalizo este livro, estou imerso na concepção de uma série intitulada "LUZ", sob a égide de minha estimada amiga Flávia Faria-Lima, com apoio financeiro canadense. Há quanto tempo mergulhamos nesse ciclo de criação e recriação, reflexão e reavaliação do enredo? Dois anos completos!

O caminho rumo ao sucesso rápido e sem esforço seduz muitos, mas o verdadeiro aprendizado e a prática do Storytelling demandam tempo, dedicação e um trabalho incessante. Enquanto a ilusão promete glórias instantâneas sem suor, a realidade do nosso campo exige perseverança. A pressa de se sobressair, combinada à feroz competição do mercado, pode levar alguns a atalhos questionáveis em busca de notoriedade ou vantagens. Contudo, a verdadeira essência do Storytelling não reside aí!

A magia de contar histórias reside na paciência de esculpir pouco a pouco cada trama, no compromisso de polir cada personagem até que brilhem com luz própria, no amor dedicado a cada reviravolta que faz o nosso coração bater mais forte. Essa é a jornada que escolhemos, um caminho pavimentado não com promessas vazias, mas com a riqueza das histórias que temos a honra de contar.

E no fim das contas, lembre-se: Na orquestra da vida, cada Storyteller é um maestro cuja batuta rege o tempo, não com pressa, mas com a paixão de quem sabe que as mais belas sinfonias são aquelas compostas nota a nota, com amor, dedicação e a eterna crença de que a luz mais brilhante nasce da mais profunda escuridão. Eu, termino por aqui!

Agora você...

Reflita sobre essas questões antes de partir para a vida

- Por que é essencial entender a estrutura e os elementos das histórias?
- Como o domínio das histórias pode ampliar minha capacidade de comunicação?
- De que maneira usar bem as histórias pode influenciar positivamente minha carreira ou negócio?
- Qual é o potencial das histórias para criar conexões emocionais profundas com o público?
- Como as histórias bem contadas podem ser utilizadas para educar e transmitir conhecimento de forma eficaz?
- De que forma a habilidade de contar histórias pode ajudar a resolver conflitos e promover a empatia?
- Quais são os impactos das histórias na formação da identidade cultural e individual?
- Como posso utilizar histórias para inspirar ação e provocar mudanças sociais?
- De que maneira a arte de contar histórias pode contribuir para o desenvolvimento pessoal?
- Qual é o papel das histórias na inovação e na criação de novas realidades?
- Como as histórias podem ser uma ferramenta poderosa para liderança e influência?
- De que forma aprender a contar histórias pode melhorar minha habilidade de escuta e compreensão?
- Qual é o impacto das histórias na memória e no aprendizado?
- Como a maestria no uso de histórias pode ser um diferencial na mudança do mundo?

> *"A vida é sempre uma pergunta.*
> *Amor é sempre a resposta."*
>
> **Padre Joaquim**

Meu querido amigo, meu "confessor", que agora habita no seu Céu, junto aos anjos e santos a quem dedicou toda a sua vida. Muitos dos conceitos que inseri neste livro foram tópicos das nossas conversas. Eu, insistindo que as histórias evoluíram com a nossa espécie, com base na percepção que fomos adquirindo do universo. Ele, acreditando que esses intrigantes padrões das histórias, como tudo acontecer ou se materializar em três, seriam a assinatura de Deus na sua criação. Ele, um homem de fé; eu, alguém que caminha sob a luz da razão, mas unidos pelo fio invisível e mágico da amizade e das muitas histórias compartilhadas, tenham elas as origens que tiverem. A ele, também dedico este trabalho, um tributo à nossa ligação indelével, às verdades que exploramos juntos e à saudade que me acompanhará pela vida inteira.

Bibliografia

FAÍSCAS E PAN 2010, Reidenbach e Robin 1990; Robin et al.

VÁRIAS OBRAS; James Patterson

A JORNADA DA HEROÍNA: A busca da mulher para se reconectar com o feminino, Murdock

O QUE É CINEMA?: Jean Claude Bernadet

A JORNADA DO ESCRITOR: Christopher Vogler

NARRATIVA CINEMATOGRÁFICA: CONTANDO HISTÓRIAS COM IMAGENS EM MOVIMENTO: Jennifer Van Sijll

A SEMIOLOGIA DAS FOTOGRAFIAS: Vilmar Tavares (tese)

COMO LER IMAGENS?: Roland Barthes

TUDO O QUE PRECISAMOS SABER MAS NUNCA APRENDEMOS SOBRE MITOLOGIA: Kenneth C. Davis

AS MELHORES HISTÓRIAS DA MITOLOGIA JAPONESA: Carmen Seganfredo

AS MAIS ORIGINAIS HISTÓRIAS DA MITOLOGIA GALESA: Carmen Seganfredo

MITOLOGIA NÓRDICA: Neil Gaiman

OS MITOS GREGOS; box com dois volumes: Robert Graves

ROMEU E JULIETA: Shakespeare (peça)

SONHOS E A MORTE: Marie Louise von Franz

O MURO: Sartre

COMPORTAMENTO VERBAL: Skinner

UMA BREVE HISTÓRIA DA NARRAÇÃO DE HISTÓRIAS: DA DANÇA PRIMITIVA AO STORYTELLING DIGITAL: Recep Yılmaz, Fatih Mehmet Ciğerci

STAR WARS AND THE HISTORY OF TRANSMEDIA STORYTELLING: Guynes, Sean A. (editor) e Hassler-Forest, Dan (editor)

STORYTELLING IN HISTORY: ByAlan Farmer, Christine Cooper

THE VR BOOK: HUMAN-CENTERED DESIGN FOR VIRTUAL REALITY: Association for Computing Machinery and Morgan & Claypool

SHOOT THE HiPPO: HOW TO BE A KILLER DIGITAL MARKETING MANAGER: Tom Bowden & Tom Jepson

Convido você para que embarque na jornada oferecida pelos meus três primeiros livros desta série "5 Lições de Storytelling", que estão disponíveis em livrarias, sites e através da DVS editora, tanto no Brasil quanto em Portugal. Caso deseje um contato mais direto e pessoal, estou à disposição no Instagram @jamesmcsill e pelo e-mail **james@mcsill.com**. Será um prazer ouvir as suas impressões, dúvidas e experiências com a arte e o ofício do storytelling. Juntos, podemos explorar ainda mais esse universo fascinante das histórias que moldam, inspiram e transformam o mundo ao nosso redor.

Beijo

Leia também:

5 Lições de Storytelling:
Fatos, Ficção e Fantasia

5 Lições de Storytelling:
O Best-Seller

5 Lições de Storytelling:
Persuasão, Negociação e Vendas

DVS EDITORA

www.dvseditora.com.br

Impressão e Acabamento | Gráfica Viena
Todo papel desta obra possui certificação FSC® do fabricante.
Produzido conforme melhores práticas de gestão ambiental (ISO 14001)
www.graficaviena.com.br